CW01095640

FAIRE FACE AUX
POLLUTIONS
CAROLINE TOUTAIN

Sommaire

Les mots suivis d'un astérisque (*) sont expliqués dans le glossaire.

La loi de finances 2006 crédite la lutte contre les pollutions de l'eau et des milieux aquatiques d'un budget de 11,6 millions d'euros, et la prévention des risques technologiques et des pollutions d'un budget de 67,6 millions d'euros. À titre de comparaison, le budget médias des services du Premier ministre s'élève à 170,8 millions d'euros. Au vu de cette répartition budgétaire, la lutte contre les pollutions figure plutôt au rang des nécessités que des priorités. Pourtant, les pollutions diffuses et chroniques ont engendré de telles contaminations des sols, de l'eau et de l'air qu'elles relèvent désormais d'une menace de santé publique et d'atteintes graves aux ressources naturelles. Pesticides et nitrates dans les nappes, dioxines et plomb dans les sols, ozone et dioxyde de soufre dans l'air... participent de l'héritage de l'ère industrielle, un héritage qui s'amplifie au fil des générations, constituant un passif de plus en plus lourd à gérer. Leur résorption apparaît comme l'une des conditions sine qua non *du développement durable. Sommé à plusieurs reprises par l'Union européenne de se conformer aux objectifs de ses directives et à ses engagements internationaux, l'État français répond de son action par l'élaboration de plans.*

nécessité n'est pas priorité

Pensée globale, défi local

Les grands principes du développement durable se sont traduits par l'élaboration d'une stratégie nationale déclinée en dix plans. Elle ambitionne de réaliser plusieurs centaines d'actions d'ici à 2008.

Le rapport de Gro

La prise de conscience, à partir des années 1970, de la dégradation rapide de l'état écologique de la planète et du caractère transfrontalier des pollutions est à l'origine d'une réflexion sur la dimension mondiale de l'écologie. *Notre Avenir à tous* est le titre du rapport publié en 1987 par la commission des Nations unies sur l'environnement et le développement. Les travaux de cette commission, composée de six Occidentaux, de trois Européens de l'Est et de douze représentants du tiers-monde, sont connus sous le nom de rapport Brundtland, en référence à la Norvégienne Gro Harlem Brundtland qui la présidait. Ce texte donne toute son ampleur à la définition de développement durable* – utilisée pour la première fois en 1980 par l'Union mondiale pour la nature (UICN). Il s'articule autour de trois axes majeurs : croissance et efficacité économique, équité et cohésion sociale, préservation et valorisation de l'environnement. Ces travaux aboutirent à l'adoption de l'Agenda 21* en juin 1992, lors du sommet de la Terre*.

Agendas à remplir

Plan d'action pour le XXIe siècle, l'Agenda 21 rassemble plus de 2 500 recommandations à appliquer au niveau local. À la suite des appels lancés en 1997 et 2000 par le ministère français de l'Écologie et du Développement durable (MEDD), 45 projets sur 155 déposés, engageant 69 collectivités locales, ont été retenus. En 2001, 10 de ces projets étaient abandonnés en raison des changements d'équipes municipales

Volets de freinage

Enregistré en 2005 à l'Assemblée nationale, le rapport de la délégation à l'aménagement et au développement durable, présidée par le député E. Blessig, constate que « *le sommet de Johannesburg* n'a pu présenter de solide bilan de la réalisation des engagements de Rio. Le plan d'application ne peut que constater la lenteur de la concrétisation des divers volets de l'Agenda 21.* »

consécutifs aux élections. En 2004, 16 actions d'Agenda 21 suivaient encore leur cours, parmi lesquelles un projet de gestion des déchets en Alsace, la création d'un quartier durable à Grenoble, celle du service CRESUS de lutte contre le surendettement dans le Nord-Pas-de-Calais... De récents appels à projets ont permis l'implication d'une cinquantaine de nouveaux territoires. Le gouvernement aspire à la mise en œuvre de 500 projets d'Agenda 21 d'ici à 2008.

Plans : actions !

Dix ans après le sommet de la Terre, l'adoption en 2003 de la Stratégie nationale de développement durable traduit la volonté de la France de respecter ses engagements. Cette stratégie a été élaborée par un comité qui réunit les membres du Conseil national de développement durable – 90 représentants de collectivités territoriales, d'organisations professionnelles, d'entreprises, de syndicats... – et les hauts fonctionnaires nommés pour faire valoir au sein de chaque ministère les questions spécifiques à ce thème. Elle est constituée de dix plans – climat, affectation des quotas de CO_2, biodiversité, gestion des forêts tropicales, déchets, véhicules propres, cohésion sociale, santé-environnement, qualité de l'air, réduction du bruit – déclinés en 489 actions à échéance de 2008. En 2005, 82 actions avaient été réalisées. Celles qui sont dévolues à la lutte contre les pollutions concernent la protection de la qualité des cours d'eau, la dépollution des terrains militaires et la réduction des émissions atmosphériques de six polluants (plomb, dioxines, mercure, cadmium, benzène et chlorure de vinyle monomère). Dans ce cadre, sur l'ensemble du territoire, 300 bus ont été équipés de filtres à particules pour un montant de 9 millions d'euros. Par ailleurs, 50 millions d'euros sont destinés, en 2005, à aider les entreprises à investir dans les mécanismes de développement propre (MDP*).

Le sommet de la Terre constitue en 1992 le point de départ des plans de développement durable pour le XXIe siècle. En France, ils tardent à se mettre en œuvre. La stratégie nationale du développement durable a été lancée en 2003.

En attendant Göteborg

La pollution par l'ozone résulte d'émissions de polluants dans toute l'Europe. Elle peut être réduite de moitié si tous les États appliquent le protocole de Göteborg. La France ne l'a toujours pas ratifié.

Retour aux années 1990

Signée en 1979 à Genève, la Convention des Nations unies sur la pollution atmosphérique transfrontalière à longue distance est entrée en vigueur en 1983. Début 2006, elle était ratifiée par 50 États d'Amérique du Nord et du continent européen. Au fil des ans, ses principes généraux ont été renforcés par des protocoles qui fixent des objectifs concrets de réduction des émissions polluantes. Le dernier en date, signé en 1999 à Göteborg (en Suède), a pour spécificité de considérer les effets (acidification*, eutrophisation*) autant que les polluants (ozone*, soufre, oxydes d'azote et composés organiques volatils [COV*]). Ce protocole est dit « multipolluant, multieffet ». Entré en vigueur en mai 2005 à la suite de sa ratification par le Portugal, la Slovaquie et la Bulgarie, le protocole de Göteborg stipule qu'à l'horizon 2010 les États signataires devront aligner leurs niveaux d'émissions sur ceux de 1990. En France, le volume des émissions d'oxydes d'azote devrait être ramené de 1 220 à 860 kt/an, et celles de composés organiques volatils (COV) de 1 400 à 1 100 kt/an, en vertu de ce protocole qu'elle a approuvé mais non ratifié.

Membres actifs

En rejoignant l'Union européenne, les nouveaux États membres acceptent *de facto* les engagements de réduction des pollutions. En 2001, ils généraient 31 % des émissions de soufre en Europe – à répartir essentiellement entre la Pologne, la Hongrie et la

Constat acide

En Scandinavie, les deux tiers des cours d'eau sont toujours menacés par le phénomène d'acidification dû aux émissions de soufre produites dans toute l'Europe.

toile de fond   l'air   les sols   l'eau

République tchèque, hors Malte. Globalement, à l'horizon 2010, l'Union européenne prévoit que la hausse des émissions de soufre dans les nouveaux États membres (+ 5,5 %) sera compensée par la baisse dans les quinze anciens pays de l'Union (− 31 %). Désireux de rattraper leur retard technologique, ces nouveaux membres ont pris un temps d'avance quant à la transposition dans leur législation de la directive européenne IPPC*. À l'exception de la Slovénie, tous ont introduit des changements majeurs dans le domaine de la prévention, des autorisations et du contrôle de leurs industries, contrairement à d'autres États membres (Belgique, Danemark, Allemagne, Grèce, Pays-Bas, Luxembourg, Espagne), tous poursuivis par la Commission européenne pour infraction au droit communautaire. En décembre 2005, la France a également été l'objet d'une saisine pour non-conformité de sa réglementation avec la directive.

Trait d'union

Fin 2002, seuls 13 % des 45 000 établissements industriels des quinze pays de l'Union européenne avaient reçu une autorisation conforme aux dispositions de prévention et de réduction de la pollution.

Parties communes

De même que l'air, l'eau ne connaît pas de frontières. En France, trois bassins sont concernés par des pollutions transfrontalières : ceux de l'Escaut, de la Meuse et du Rhin. Le district hydrographique transfrontalier de l'Escaut se répartit entre la France (50 %), la Belgique (44 %) et les Pays-Bas (6 %). Il est constitué de 41 cours d'eau transfrontaliers. Aucun ne présente une bonne qualité physico-chimique de l'eau. De son côté, le district hydrographique international du Rhin, qui correspond à un bassin versant de 185 000 km² (dont 10 % pour la partie française), a été soumis à d'intenses pressions humaines, industrielles et agricoles. En de nombreux points, l'eau est tellement contaminée par les nitrates et les pesticides que les gestionnaires du bassin doutent de parvenir aux objectifs de bonne qualité de l'eau d'ici à 2015. Quant à la pollution par les chlorures qui résulte de l'activité des mines de potasse, elle s'étend sur 20 km entre Fessenheim en France et Breisach en Allemagne.

La pollution ignore les frontières politiques. Signée en 1979 la Convention sur la pollution atmosphérique transfrontalière a pour objectif de la réduire.

Histoires des temps modernes

Au XXe siècle, la pollution industrielle a dépassé le stade de la nuisance pour accéder à celui de la nocivité, voire de la toxicité. Du champ de l'exceptionnel et de l'accidentel, elle est entrée dans l'aire de la chronicité.

Mercure à Minamata

Construite en front de mer, au début du XXe siècle, dans la baie japonaise de Minamata, l'usine chimique Chisso est à l'origine de l'une des plus graves pollutions chroniques imputables à des métaux*. Elle rejetait dans l'eau, année après année, ses déchets chargés en mercure. Dans les années 1950, la population de la baie commença à présenter des symptômes divers : pertes des sens, de la mémoire, réduction du champ visuel... Officiellement, 1 422 personnes furent atteintes par la « maladie de Minamata », mais plus de 12 000 reçurent une indemnisation dans les années 1990. Les doses considérées comme mortelles mesurées dans les cheveux sont estimées entre 10 et 60 mg/kg. À Minamata, la concentration moyenne dans les cheveux était de 52 mg/kg. Une catastrophe similaire survint en Irak à la suite de l'ingestion de graines contaminées par du mercure : entre 1971 et 1972, 6 530 personnes furent hospitalisées et plusieurs centaines de décès enregistrés. En France, les émissions de mercure s'élevaient en 2003 à 7,9 t.

Smog dans l'air

Tandis que les habitants de la baie de Minamata s'empoisonnaient au mercure, les Londoniens mouraient dans le smog, un épais brouillard chargé de dioxyde de soufre et de fumées noires rejetés par les usines alentour. Le smog a recouvert la ville en décembre 1952, provoquant la mort de plus de 4 000 personnes par atteintes respiratoires ou cardiaques. Un excès de mortalité survient à partir de 500 µg/m³ de dioxyde

éril en alpage

Des opérations contrôle ont é menées suite *l'épisode* contamination *lioxines lié* *l'incinérateur* *Gilly-sur-Isère,* *Savoie.*

opérations révélé qu'un *upeau de chèvres* *Berzé-le-Châtel* *it transhumé* *des alpages* *-savoyards* *us dans* *érimètre* *urveillance* *en place. »* *net du préfet,* *n 2002,* *nuniqué* *resse.*

1971 : Takak Isayama a 12 ans. Elle est atteinte de la « maladie de Minamata » à la suite d'une contamination au mercure produit par l'usine Chisso.

de soufre dans l'air. Au maximum de la pollution, les concentrations pouvaient atteindre 4 000 µg/m³. Aussi inouïe qu'elle paraisse, cette catastrophe comptait pourtant des précédents. En octobre 1948 à Donora, en Pennsylvanie, la moitié des 14 000 habitants de la ville furent atteints de troubles respiratoires. En décembre 1930, dans le bassin houiller de Liège, la région d'Engis (vallée de la Meuse) fut également envahie par le smog. En 2003, la ville du Havre subit 47 jours d'exposition au dioxyde de soufre. En 2004, elle fut supérieure à 300 µg/m³ à deux reprises.

La chèvre innocentée

La ville de Gilly-sur-Isère a été choisie en 1985 par le syndicat intercommunal d'Albertville pour accueillir une usine d'incinération de déchets ménagers. La découverte en 2001 de teneurs élevées en dioxines dans le lait de vache et le foin entraîna la suspension des activités de l'usine. Après contrôle des fumées, il s'avéra que les émissions de dioxines dépassaient 700 fois la norme européenne. Cette crise impliqua la destruction de 2 230 t de lait, 17 t de fromage et l'abattage de 7 050 animaux, dont 3 040 bovins. Un périmètre de contrôle fut établi dans les communes environnantes. L'année suivante, dans le bourg de Cluny, situé à 200 km de Gilly, des teneurs élevées en dioxines furent constatées dans les fromages produits par des chèvres ayant transhumé à Gilly. Cette contamination était-elle due à l'incinérateur de Gilly ou à celui de Cluny ? Après enquête, la première hypothèse fut écartée : c'est l'incinérateur de Cluny qui était bel et bien en cause. Il fut définitivement mis à l'arrêt en juin 2002. Quant au site de Gilly, il fut sécurisé par l'interdiction d'accès et la surveillance environnementale.

Minamata, Londres ou Albertville, dans l'eau, l'air ou le sol : les précédents historiques ne manquent pas pour évoquer les effets de la lente contamination d'un milieu par une activité industrielle.

Europollueurs : inscription au registre

Elles sont au premier rang des émissions de méthane, de dioxines et d'arsenic : la première est une décharge de déchets urbains située dans le nord de l'Italie ; la deuxième, une usine sarde ; la troisième produit du cuivre, elle est finlandaise.

Émissions enregistrées

Le Registre européen des émissions polluantes (EPER) a été créé en 2000 par la Commission européenne. Il contraint les États membres à inventorier leurs émissions d'origine industrielle et à évaluer leurs rejets dans l'eau et l'atmosphère. Les informations sont analysées par type de polluant (au nombre de cinquante, de l'ammoniac jusqu'au zinc), par branche industrielle (cokeries, cimenteries, biocides et explosifs, production d'amiante...), par pays et par établissement. Ces derniers sont recensés en fonction de leur capacité : les élevages de plus de 40 000 poulets, les porcheries de plus de 2 000 porcs, les manufactures de verre qui produisent plus de 20 t par jour, les remblais de plus de 25 000 t. Selon la Commission, 10 à 50 % des installations sont intégrées dans cette base de données, mais elles représentent à elles seules 90 % des émissions. Dans le cours de l'année 2006, les informations extraites des inventaires de 2001 ont été réactualisées à partir des inventaires de 2004.

Peloton de tête

En 2005, le Registre européen recense 9 124 établissements répartis dans l'Europe des Quinze, ainsi qu'en Hongrie et en Norvège. Le Royaume-Uni détient la première place quant au nombre d'établissements déclarés et au volume des émissions produites.

Par rapport au nombre total d'installations dans le pays relevant de la directive IPPC*, il en a déclaré 40 %, contre 28 % pour l'Espagne, 24 % pour l'Allemagne, 20 % pour la France et 10 % pour l'Italie. Royaume-Uni, Allemagne, Espagne et France forment le peloton de tête des pays les plus polluants.

Fâcheuses tendances

Depuis la mise en place du Registre européen, 23 113 émissions ont été inventoriées et analysées. Les deux tiers concernent l'atmosphère, un tiers l'eau. Sur les 50 polluants pris en compte, 24 contribuent directement à la pollution de l'air (le méthane, le monoxyde et le dioxyde de carbone, le benzène, l'ammoniac...), 14 contribuent directement ou indirectement à la pollution de l'eau (le benzène et ses dérivés, le phosphore, les phénols...). Globalement, les métaux* et les hydrocarbures procèdent de tous les types de pollution. L'analyse des rejets permet de définir des tendances spécifiques à chaque État. Ainsi, l'Italie occupe le premier rang des émissions de méthane, l'Allemagne celui des émissions de monoxyde et de dioxyde de carbone. Le Royaume-Uni se caractérise par ses émissions d'ammoniac et d'hexafluorure de soufre (SF_6). La France est en tête des rejets d'oxydes nitreux (N_2O). Quant à la Grèce, elle produit 75 % des émissions de perfluorocarbures (PFC*). Cet état des lieux souffre néanmoins de plusieurs lacunes. Comparé aux inventaires des gaz à effet de serre dressés par la Conférence des Nations unies sur le changement climatique, le Registre européen ne couvre que 70 % des émissions de soufre et 15 % des émissions de méthane. L'absence de prise en compte de la contribution des transports et de la plupart des activités agricoles expliquent cette différence. En outre, la production d'amiante a été omise lors des déclarations. Seul un établissement – VolkswagenAG Werk Kassel – a déclaré en produire accessoirement.

Précision

Dans cet ouvrage, il est souvent question de l'Europe des Quinze. Il s'agit des pays de l'Union européenne avant son élargissement à vingt-cinq membres en 2004 : Allemagne, Autriche, Belgique, Danemark, Espagne, Finlande, France, Grèce, Irlande, Italie, Luxembourg, Pays-Bas, Portugal, Royaume-Uni et Suède.

Le Registre européen des émissions polluantes recense et analyse les industries des pays de l'Europe des Quinze, de la Norvège et de la Hongrie. Royaume-Uni, Allemagne, Espagne et France sont les principaux émetteurs.

uie ou soleil :
sociations toxiques

L'ozone se nourrit du rayonnement solaire. Le soufre parasite les pluies. Le protocole de Göteborg vise à restreindre leurs sources et leurs émissions.

Ça chauffe trop !

Les émissions de dioxyde de soufre et d'oxydes d'azote (NOx) proviennent essentiellement des processus de combustion. Pour les réduire, le protocole de Göteborg se focalise sur les « grandes installations de combustion » (GIC), chaudières et appareils de chauffage industriels d'une capacité supérieure à 50 MW. Au niveau européen, ces installations représentent 68 % des émissions de dioxyde de soufre et 58 % des émissions de NOx – hors activités de transport. En France, elles sont au nombre de 275. En 2003, elles ont rejeté dans l'atmosphère 237 Gg de SO_2 et 116 Gg de NOx. Pour la plupart, elles sont alimentées par du fuel lourd, de la houille, du gaz naturel, du charbon, voire de la lignite. Utilisées essentiellement pour produire de l'électricité et du chauffage, les GIC régulent leur capacité en fonction des conditions climatiques. C'est ainsi qu'en 2003 les rejets de NOx et de SO_2 ont augmenté respectivement de 3 et de 4 % par rapport à l'année 2002, marquée par un hiver très doux. C'est en Haute-Normandie et en Lorraine qu'ils ont été les plus importants. Ces deux régions ont totalisé plus de la moitié des émissions de SO_2 et NOx, bien qu'elles ne recensent que 36 GIC.

Mauvais précurseurs

Également cités dans le protocole de Göteborg, les composés organiques volatiles (COV*) se réfèrent à une multitude de polluants : les alcools, les éthers,

toile de fond   l'air   les sols   l'eau

La vie après Göteborg

L'application du protocole de Göteborg permettrait d'éviter 47 500 morts prématurées dues à l'ozone.

les styrènes, le benzène et ses dérivés... Une grande diversité de sources d'émission existe. La fabrication d'une tonne de pain produit 4,7 kg d'éthanol au cours du processus de fermentation. Mais ce sont les solvants utilisés pour les peintures, les encres d'imprimerie, la protection du bois... qui constituent la principale source d'émission de COV. Une tonne de solvant utilisée pour une opération de nettoyage à sec à base de perchloroéthylène produit 463 kg de COV. Toutes sources confondues, le volume global des émissions de COV en France a représenté, en 2003, 1 400 kt – l'objectif du protocole de Göteborg est fixé à 1 100 kt pour 2010. Combinés au rayonnement solaire, les COV, à l'instar des oxydes d'azote, sont des précurseurs de l'ozone* troposphérique. Ce sont surtout des villes telles que Nice, Cannes, Marseille, Toulon, Aix-en-Provence et Nîmes qui sont les plus affectées par les pics d'ozone.

La part de chacun

Rapporté au nombre d'habitants en France, chacun d'entre nous a produit, en 2004, 8 kg de SO_2, 20 kg de NOx et 23 kg de COV.

Le prix du soufre

Des forêts qui dépérissent, des rivières qui s'acidifient, une faune qui se raréfie..., tels furent les premiers symptômes, identifiés dans les années 1970, de l'acidification*. Ce processus résulte de la transformation, au contact de la vapeur contenue dans l'atmosphère, du dioxyde de soufre et des oxydes d'azote en acides sulfurique et nitrique. Les limites imposées aux rejets de ces polluants par une première directive européenne adoptée en 1988 ont permis de les réduire de façon significative. En effet, dans les forêts qui s'échelonnent du nord de l'Italie au sud de la Scandinavie, les 169 points de surveillance révèlent une baisse moyenne de dépôt de soufre, passant de 7,4 kg par hectare entre 1996-2001 à 5,9 kg aujourd'hui. Tel est le triste sort de la forêt, filtre naturel de la pollution anthropique.

Acidification et ozone troposphérique résultent de processus chimiques qui associent des polluants industriels et des éléments naturels : l'humidité ou le soleil.

L'âge de métal

Selon le Registre français des émissions polluantes, 267 établissements en France rejettent dans l'atmosphère 377 tonnes de métaux lourds...

Arsenic et vieilles usines

Située dans le Nord-Pas-de-Calais, l'entreprise Arc International a rejeté dans l'atmosphère 480 kg d'arsenic en 2004 (contre 890 en 2003). À cette date, le département comptait 36 établissements émetteurs de métaux lourds.

Trio émetteur

En France, trois sites rejettent 20 % des métaux* lourds dans l'atmosphère. Au premier rang, l'usine métallurgique Ugine & Alz, située dans le Gard, a émis 33 t de cadmium, chrome, nickel, plomb... en 2004, contre 87 en 2003. Au deuxième rang, le site Sollac Méditerranée de Fos-sur-Mer, qui produit 4,5 millions de tonnes d'acier par an, a rejeté 25 t d'arsenic, de cadmium, de chrome, de cuivre, de mercure, de nickel... En troisième place, la raffinerie Total de Donges a émis un peu plus de 20 t de cadmium, de mercure et de nickel. Selon le protocole international d'Aarhus, entré en vigueur en 2003, le volume des émissions de cadmium, plomb et mercure doit être réduit de moitié par rapport à 1990. Résultat : les émissions françaises de cadmium sont de 7,9 t en 2003, contre 17,1 t en 1990. Bien que moindre, cette pollution demeure conséquente. Pourtant, l'évaluation de son impact dans l'environnement échappe encore à la réglementation.

Du cadmium dans les épinards

Sur le site anglais de Derbyshire, connu depuis l'Antiquité pour ses activités minières, les laitues et les épinards ont accumulé le cadmium.

Tout dans la mesure

Depuis 1999, des mesures de qualité de l'air sont effectuées en continu dans le quartier Saint-Louis, au nord de Marseille. Elles ont révélé la présence de concentrations très importantes de métaux lourds dans l'atmosphère. Pour le cadmium, elle s'élevait à 267 ng/m^3, contre 5 ng/m^3 (seuil limite). En 2004, cette concentration a été ramenée à 0,7 ng/m^3, à la suite de la fermeture de l'unité de production d'alliage cuivre-cadmium dans la fonderie voisine. Dans les secteurs où de fortes émissions de métaux lourds sont notoires, la surveillance s'organise progressive-

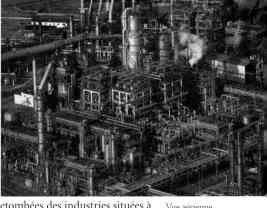

Vue aérienne de la raffinerie de Donges.

ment. En 2003, une première station de surveillance en continu a été installée à Port-de-Bouc, dans les Bouches-du-Rhône. Elle mesure les concentrations en métaux lourds des retombées des industries situées à l'ouest de l'étang de Berre – une quinzaine d'établissements parmi lesquels le complexe pétrochimique de Lavéra. En 2004, toutes les mesures étaient inférieures aux normes en vigueur. Une deuxième station a été installée en 2005 dans la partie est de l'étang de Berre – sous le vent de Sollac-Méditerranée. Dans la Loire, des dispositifs internes de surveillance des métaux lourds de la raffinerie Total de Donges ont permis de détecter, en 2003, des rejets massifs de dioxyde de soufre (19 épisodes de préalertes et d'alertes). Les premières stations extérieures de surveillance se situent à une cinquantaine de kilomètres, dans l'agglomération nantaise.

2007, nouvelle ère

Une directive européenne impose aux États membres de transmettre à la Commission, d'ici à février 2007, la liste des zones et des agglomérations concernées par un dépassement des seuils limites d'émissions : 6 ng/m^3 pour l'arsenic, 5 ng/m^3 pour le cadmium, 20 ng/m^3 pour le nickel et 1 ng/m^3 pour le benzo(a)pyrène. Ils devront également communiquer les causes du dépassement et la proportion de population exposée. Si la nocivité des métaux lourds est connue de longue date, c'est la prise de conscience récente – sur la base d'une estimation du nombre de décès par cancer imputables à la trop forte concentration de ces polluants dans l'air – qui est à l'origine de cette directive. Celle-ci préconise 51 jours minimum par an de mesures.

En France, 20 % des rejets de métaux lourds dans l'atmosphère sont concentrés sur trois sites distincts. Pourtant, il n'existe pas encore de réglementation relative à la surveillance de l'impact des métaux lourds dans l'environnement. Elle entrera en vigueur en 2007.

Particules : dans l'air du temps

Chaque Français a produit 41 kg de particules en 2003. Plus elles sont fines, plus elles sont nocives. Elles pénètrent au plus profond de nos alvéoles pulmonaires.

Particules dans le vent

Les particules résultent d'un mélange de matières, liquides ou solides, en suspension dans l'air. Elles se divisent en deux catégories. Les particules primaires sont rejetées directement dans l'atmosphère, par pulvérisation, condensation ou accumulation. Issues d'un procédé industriel, elles transportent des métaux* lourds, du soufre... Les particules secondaires sont produites par la transformation d'un gaz – dioxyde de soufre, oxydes d'azote, ammoniac... – dans l'atmosphère. Qu'elles appartiennent à l'une ou l'autre de ces catégories, leurs propriétés dépendent de leur taille et de leur temps de suspension dans l'air. Les particules dont le diamètre est inférieur à 10 µm – PM 10 – proviennent essentiellement du broyage, de l'érosion ou de l'abrasion des surfaces. Elles se déposent dans les heures qui suivent leur émission. En revanche, les particules fines dont le diamètre est inférieur à 2,5 µm – PM 2,5 – doivent à leur légèreté de se maintenir plusieurs jours, voire plusieurs semaines dans l'atmosphère et de parcourir de longues distances. Une étude menée par l'OMS* en Allemagne a estimé que 41 % des émissions de PM 2,5 étaient d'origine locale tandis que 14 % provenaient de France. Au sein des États de l'Europe des Quinze, l'Espagne, la Grèce et l'Allemagne sont les principaux émetteurs de particules.

> **C'est cher la poussière**
> Selon l'OMS, la réduction des émissions de particules permettrait à l'Union européenne d'économiser 29 milliards d'euros par an, correspondant au coût des maladies induites.

Routes usées

En France, les principales sources d'émission des particules fines sont les chantiers de construction, le chauffage domestique, les labours agricoles et le transport routier. En 2000, elles ont rejeté dans l'atmosphère un millier de kilotonnes de particules, tous diamètres confondus. Cette masse a une valeur essentiellement indicative. En effet, l'évaluation des émissions de particules pose le problème de l'estimation chiffrée de ces émissions produites par des sources diffuses telles que les labours agricoles ou l'usure des routes. Dans le domaine de la construction, le calcul prend en compte la taille du chantier pondérée du nombre de jours travaillés. Dans le domaine du transport routier, l'introduction du pot catalytique en 1993 a fortement contribué à la réduction des émissions. Désormais, elles proviennent essentiellement, pour ce secteur, de l'abrasion des pneus, des freins et de l'embrayage et de l'usure de la route.

> **Record sans exploit**
> 429 µg/m³ de particules ont été mesurés à la station de la porte d'Auteuil du boulevard périphérique, le 30 mars 1998 à 13 heures, contre 50 µg/m³, seuil limite.

Champs-Élysées, station à particules

Selon une étude publiée en avril 2005 par l'OMS, chaque habitant de l'Union européenne perd 8,6 mois de sa vie pour cause de pollution de l'atmosphère par les particules – voire 10,2 mois de vie pour les Allemands. En effet, il a été mis en évidence qu'une augmentation de 10 µm/m³ de particules de diamètre inférieur à 2,5 µm provoque une hausse de 12 % des maladies cardiovasculaires et de 14 % des cancers du poumon. Or, en 2002, la Commission européenne a constaté que seuls la Finlande, le Luxembourg et la Suède respectaient les limites d'émissions de particules. En 2005, ces limites étaient fixées à 40 µg/m³ en moyenne annuelle. Installée au début de l'année 2005, la station des Champs-Élysées enregistre régulièrement des dépassements supérieurs à 100 µg/m³ de PM 10.

Les particules en suspension dans l'air transportent les polluants d'origine industrielle. Elles sont à l'origine de maladies cardiovasculaires et de cancers du poumon.

La lutte par la base

Nizerolles en 2003 : dix vaches d'un même cheptel meurent par ingestion de maïs contaminé au plomb. Il avait été stocké sur un ancien carreau de mine. L'inventaire des sols pollués se nourrit aussi de circonstances fortuites.

Grande variation

Le nombre de sites industriels anciens répertoriés dans BASIAS varie de 55 (Ardèche) à 10 800 (Nord).

Données de base

Créée à partir des premiers inventaires réalisés en 1994 et en 1997, la base de données BASOL recense les sites pollués ou potentiellement pollués qui nécessitent une action préventive ou curative de l'État. Il s'agit de sites où les polluants (hydrocarbures, plomb, chrome...) sont fortement concentrés de façon chronique sur des surfaces délimitées. Les sols contaminés par une pollution diffuse – l'agriculture ou l'automobile – en sont exclus. Petits ateliers de production familiale ou grands sites industriels, carrières, mines, décharges... sont répertoriés dès lors qu'ils ont été à l'origine d'une pollution susceptible de présenter un risque pour la santé ou l'environnement. À titre d'exemple, cet inventaire dresse un état des lieux des quelque 40 anciennes usines à gaz de Gaz de France, dont le site de Gravelines, qui a distillé de la houille un siècle durant. En mars 2006, la base de données totalisait 3 789 sites. Pour plus de la moitié des sites, l'impact des pollutions s'est traduit par une teneur anormale dans les eaux souterraines, ayant conduit dans 31 cas à l'arrêt d'un captage.

300 000 références

Lorsqu'un site est exempt de surveillance, il est transféré vers la base des anciens sites industriels et activités de services (BASIAS), gérée par le Bureau de recherches géologiques et minières (BRGM). Cette liste dresse l'inventaire de toutes les activités industrielles ou de services créées sur le territoire depuis la fin du XIXᵉ siècle, à l'instar de cette unité allemande de fabrication de fusées V2, creusée en 1940 dans une falaise en bord de Seine, près de Rouen. Fin 2005, la base de données BASIAS recensait 180 000 sites (tanneries, blanchisseries, conserveries alimentaires, stations-service, décharges...) répartis sur 75 départements. À l'horizon 2007, il est prévu une couverture totale du territoire et le recensement *a minima* de 300 000 sites grâce à l'achèvement des inventaires historiques régionaux constitués à partir des archives départementales, des cartes anciennes, des monographies locales...

État inconnu

Le département des Bouches-du-Rhône compte 119 communes et 4 423 sites inventoriés : 677 sont encore en activité ; 2 642 ont cessé toute forme d'activité. Pour les autres, l'état d'occupation est actuellement inconnu.

Recoupement sensible

La superposition de l'inventaire des sols pollués et de celui des anciennes activités industrielles doit permettre d'identifier les sites pollués manquant encore à l'inventaire, et d'éviter d'y implanter des crèches, écoles, centres médicaux, jardins publics... Une expérience menée en 2004 en Haute-Normandie a permis de recouper la base de données BASIAS avec celle des ministères de la Santé et de l'Éducation. À l'issue d'une première phase, 524 sites publics ont chacun été corrélés avec un site inventorié dans BASIAS. Lors d'une seconde phase, les sites industriels ne présentant pas de risque ont été éliminés ; le nombre d'établissements corrélés à un site industriel à risque est tombé à 202. Les enquêtes de terrain ont finalement abouti à la conclusion qu'il existe une réelle suspicion de superposition pour 20 sites publics. Par ailleurs, il ressort que 53 sites sont situés dans le voisinage d'activités anciennes potentiellement risquées. Il peut s'agir d'écoles implantées à proximité d'une décharge de déchets industriels spéciaux, voire d'un site de stockage de produits chimiques ou d'une unité de production de goudron.

La base de données BASOL recense les sites actuellement pollués ou potentiellement pollués. La base de données BASIAS aspire à dresser l'inventaire exhaustif des sites industriels anciens.

Plomb : nouveaux gisements

À l'échelle humaine, les sols ne sont pas des ressources renouvelables. Depuis un siècle, le plomb rejeté par les industries et les transports routiers s'y accumule.

Poussières indigestes

Depuis le 1er janvier 2000, l'interdiction de l'essence plombée a fortement contribué à la baisse des émissions de plomb. Désormais, elles résultent essentiellement des activités de production et de transformation des métaux*. Selon le Registre français des émissions polluantes, ce secteur compte plus de 400 établissements. En 2003, le volume total des émissions de plomb s'élevait à 178 t, contre 4 302 en 1990, soit 3 g par habitant, contre 76 g en 1990. Nonobstant ces réductions, le plomb s'est accumulé au fil des années, des décennies, voire des siècles, jusqu'à atteindre, dans les sols les plus pollués, des concentrations record liées au fait qu'il demeure dans les couches superficielles. C'est ainsi qu'il contamine les animaux, les végétaux et les poussières qui pénètrent à l'intérieur des maisons. Dans les sites fortement pollués, la plombémie – dose interne de plomb mesurée dans le sang – touche essentiellement les jeunes enfants, qui portent leur main à leur bouche et ingèrent des poussières contaminées.

L'hydre de plomb

Les usines Metaleurop à Noyelles-Godault (*voir* pp. 42-43) et Umicore à Auby, distantes de 3,5 km, ont provoqué une vaste pollution touchant 60 000 personnes sur une dizaine de communes. Dans le voisinage de ces deux usines, où les habitants allégeaient la terre de leur jardin en la mélangeant aux scories des usines, de 0,1 à 0,5 % du sol est composé de plomb. Des prélèvements effectués par une équipe

Du plomb dans la cible

« Le retour d'expérience sur les sites contaminés par le plomb montre que la cible "enfant" (de la naissance à 6 ans) est la cible sensible et que la voie d'exposition "ingestion de sol ou de poussières issues du sol" est la voie prépondérante en termes de risque sanitaire. » **INERIS*/MEDD, septembre 2004, Guide pour l'orientation des actions à mettre en œuvre autour d'un site potentiellement pollué par le plomb.**

de l'INRA, dans un rayon de 4 km autour des deux usines, a révélé des teneurs en plomb dans les grains de blé et les feuilles de laitues supérieures, dans plus de la moitié des cas, aux normes admises pour l'alimentation humaine. Quant aux échantillons d'herbe, les deux tiers se sont avérés impropres à la consommation animale. Bien qu'elle se caractérise par son ampleur, cette pollution n'a rien d'exceptionnel. En 2004, à Bayel, dans l'Aube, les Cristalleries royales de Champagne, créées en 1679, ont été contraintes d'excaver 180 t de terre en raison d'une pollution par le plomb, l'arsenic et le cadmium dans les potagers du voisinage. À Paimbœuf, en Loire-Atlantique, sur le site d'une ancienne usine chimique, 6 500 t de terre ont également été excavées et transportées dans un centre de stockage de classe 1*. Début 2004, le ministère de l'Écologie, redoutant l'ampleur de ce type de pollution, a transmis aux préfets une circulaire qui fixe des objectifs nationaux de réduction des émissions de plomb de 65 % en 2010 par rapport à 2005.

Canard au plomb
La pratique de la chasse provoque, chaque année, la dispersion dans la nature de 6 000 t de plomb. La chasse au gibier d'eau entraîne de fortes concentrations de plomb dans les marais.

La chasse au plomb

La réduction des émissions de plomb est inscrite parmi les actions prioritaires des plans régionaux santé-environnement (PRSE). Elle suppose d'abord le recensement des sites à risque. En Haute-Normandie, l'action prioritaire prévoit une évaluation de l'exposition des populations autour des usines de Navarre à Évreux. En Auvergne, la surveillance doit être renforcée autour de 9 sites suspectés d'être à l'origine d'une pollution par le plomb induisant des risques potentiels en matière de saturnisme infantile. En Île-de-France, ils sont au nombre de 37. À l'issue de cette phase de recensement, les exploitants seront contraints de fournir un diagnostic de l'état des sols à l'extérieur de l'établissement et de limiter, voire supprimer leurs émissions toxiques.

La prise de conscience de la contamination des sols par le plomb est récente. Plusieurs centaines de sites pourraient être concernés. Leur recensement est en cours.

Dioxines : accumulation sans mesure

D'après l'ADEME*, les modèles utilisés pour évaluer les risques sanitaires liés à l'exposition aux dioxines donnent des chiffres trop pessimistes. Sur le terrain, les enquêtes sont trop rares.

Surdoses sans surveillance

Les dioxines, qui entrent dans la catégorie des polluants organiques persistants (POP), présentent la particularité de résister à tous les processus de dégradations physiques, chimiques ou biologiques. Parmi les 210 composés de dioxines, seuls 17 sont reconnus comme toxiques. Selon l'Agence française de sécurité sanitaire des aliments (AFSSA), les techniques d'identification et de mesure des dioxines demeurent complexes et onéreuses : le coût d'analyse d'un milieu varie entre 750 et 1 500 euros. D'ailleurs, il n'existe pas de surveillance réglementée des concentrations de dioxines dans l'air ambiant, ni dans les sols. Pourtant, 95 % des dioxines présentes dans le corps humain résultent de leur transfert dans la chaîne alimentaire par des activités anthropiques. En France, les niveaux d'exposition moyens sont estimés à 1,3 pg ITEQ par kg (masse corporelle), tandis que la dose journalière admissible est inférieure ou égale à 1 pg ITEQ par kg. Selon l'inventaire départementalisé mis à jour en février 2005, les volumes d'émission de dioxines rapportés au nombre d'habitants sont les plus élevés dans l'Eure-et-Loir, la Savoie et la Charente-Maritime.

Retour aux sources

En 2003, le volume des émissions de dioxines a été évalué à 247 g ITEQ, contre 1 892 g ITEQ en 1993. Mais les mesures sont complexes et de grandes incertitudes demeurent quant à ces évaluations. Jusqu'en

---

Des effets, pas de causes

Réalisée en 2000, une étude de l'INSERM* n'a pu établir de lien catégorique entre l'augmentation statistique des malformations congénitales et le voisinage d'incinérateurs d'ordures ménagères en Rhône-Alpes. Elle s'appuyait sur des informations délivrées par un registre médical régional et une estimation – faute de données disponibles – des niveaux de pollution.

ITEQ

ITEQ (International Toxic Equivalent Quantity) : quantité toxique équivalente.

---

toile de fond   l'air   les sols   l'eau

2005, les incinérateurs d'ordures ménagères constituaient la première source d'émissions nationales. Selon le Registre européen des émissions polluantes, c'est l'incinérateur de la communauté d'agglomération dijonnaise qui était, en 2001, en tête des émissions françaises de dioxines, suivi des usines de Villefranche-sur-Saône et d'Issy-les-Moulineaux – définitivement fermée au début de 2006. Le secteur de la métallurgie occupe le deuxième rang des rejets. Pourtant, ces volumes ne suffisent pas à expliquer la concentration de dioxines mesurée dans la chaîne alimentaire. D'autres activités sont suspectées,

Usine d'incinération au Mans.

faute d'avoir été quantifiées : le brûlage des câbles électriques, des terres agricoles ou des mauvaises herbes traitées aux désherbants, la combustion résidentielle du bois, les feux de décharge.

L'énigme des Halles

Lors de la campagne de mesure des dioxines menée en Île-de-France en juin 2004 par l'Association de surveillance de la qualité de l'air, quatre stations présentent des résultats supérieurs aux normes. Contre toute attente, c'est la station des Halles qui arrive en tête des concentrations maximales enregistrées, avec 3,41 pg ITEQ/m^3, contre 0,01 pg ITEQ/m^3 en forêt de Fontainebleau. Les résultats sont d'autant plus surprenants qu'à Paris les volumes de dioxines par habitant sont généralement les plus bas du territoire (0,87 g ITEQ/hab). En outre, les Halles ne sont situées sous le vent d'aucune source industrielle émettrice de dioxines. Au mois de juin, le chauffage domestique ne peut être incriminé. Après recherche, il s'avère que les pompiers ont dû intervenir à six reprises pour éteindre des débuts d'incendies dans le stockage d'ordures situé aux sous-sols du forum des Halles ; ces feux seraient à l'origine de l'émission des dioxines.

> En l'absence de réglementation liée à la surveillance des dioxines, l'estimation des volumes est incertaine. Leur accumulation dans la chaîne alimentaire atteste de l'existence de sources diverses.

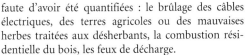

Arsenic : mine de rien...

Dans le Puy-de-Dôme et l'Allier, plus de 120 000 personnes étaient desservies en 2001 avec une eau contaminée par l'arsenic. En France, la pollution à l'arsenic concerne 11 % des sites pollués.

Exposition publique

La concentration maximale d'arsenic admise dans un litre d'eau est fixée à 10 µg/l. Elle correspond à un risque de 6 cancers cutanés supplémentaires pour 10 000 personnes. En 1998, le bilan de la contamination de l'eau établi par le réseau national de santé publique recensait 217 000 personnes exposées dans 17 départements à des teneurs en arsenic supérieures, dans les unités de distribution d'eau, à 10 µg/l, voire à 50 µg/l. Si l'arsenic est présent à l'état naturel dans la croûte terrestre, la majorité des apports à l'environnement proviennent des activités minières, industrielles et agricoles développées depuis plus d'un siècle. Certains sites miniers sont à l'origine de pollutions historiques qui perdurent encore aujourd'hui.

À prix d'or

Dans son rapport au président de la République daté de 2003, la Cour des comptes a rendu ses conclusions concernant la gestion par les pouvoirs publics des enjeux financiers, sociaux et environnementaux que représente le site de Salsigne, situé au nord de Carcassonne (Aude). C'est la découverte de l'or en 1892 qui est à l'origine de l'exploitation minière de ce site qui s'étend sur 5 communes. Après plus d'un siècle d'une exploitation chaotique due aux défaillances successives des différents exploitants, l'activité a définitivement cessé fin 2004. Le bilan pour l'État est lourd. Le site de Salsigne est aujourd'hui l'un des plus pollués de France. Dans une vingtaine de

---

Eaux métalloïdes

« La réglementation sur l'eau potable ne s'applique pas aux eaux minérales, et certaines d'entre elles sont extrêmement chargées en arsenic. [...] Sur 74 eaux minérales analysées en 1995 par le réseau national de santé publique, 24 présentaient des teneurs en arsenic supérieures à 10 µg/l, 4 dépassaient 50 µg/l, et 2 dépassaient 100 µg/l. »
Gérard Miquel, Sénat, 2003.

communes, la pollution de la rivière Orbiel rend l'eau impropre à la consommation et à l'arrosage. Les sols sont durablement pollués à l'arsenic. Des dizaines de milliers de tonnes de déchets ont été abandonnés. Pourtant, entre 1993 et 2003, 19 millions d'euros ont été engagés pour la réhabilitation du site.

Mine assassine

Mesurée en 2000 dans le cadre d'un bilan environnemental réalisé dans la vallée de l'Orbiel, dans le périmètre de la zone industrielle de Salsigne, la concentration en arsenic dans les eaux du Grésillou s'élevait à 200 µg/l. Cette concentration particulièrement élevée était une conséquence du rejet des eaux d'exhaure de l'une des anciennes mines. Renouvelée en 2005, l'interdiction d'exploitation des puits d'eau potable, de vente et de consommation de salades, poireaux, escargots... cueillis ou ramassés dans l'une ou l'autre des dix communes de la vallée de l'Orbiel et ses affluents a été reconduite jusqu'en 2006. Entre 1965 et 1970, cette pollution a été à l'origine de plusieurs intoxications et d'au moins un décès. En 2005, l'exposition des populations à l'arsenic est suspectée d'être la cause d'une surmortalité par cancer constatée dans ce périmètre.

Arsenic vieilli en fût

Les mines d'or ne sont pas les seules responsables de la pollution des sols par l'arsenic, la production de pesticides en constitue une autre source. Dans les années 1900, à Auzon (Haute-Loire), la Compagnie minière métallurgique a fabriqué des pesticides à partir d'arsenic, commercialisés jusqu'en 1969. À la suite de la découverte en 1983 de 400 t d'Arsalumine® – nom commercial de la substance active – stockées en fûts de bois dans un hangar ouvert aux intempéries, le site a été progressivement déserté et clôturé. Il demeure que la concentration en arsenic dans la nappe reste très élevée. En aval du site, elle peut atteindre plus de 4 000 µg/l.

Or massif

Entre 1905 et 1955, la mine du Châtelet (Creuse) a produit 15 t d'or.
Aujourd'hui, le site est clôturé en raison des risques directs d'intoxication de la population.

Le site de Salsigne est aujourd'hui l'un des plus pollués de France.
Entre 1965 et 1970, cette pollution provoquée par l'arsenic a été à l'origine de plusieurs intoxications et d'au moins un décès.

Pesticides : cherchez le parasite

En 2003, 164 000 habitants ont été touchés par des restrictions de consommation d'eau pour cause de pesticides. Principal polluant, l'atrazine est interdit depuis 2003.

Euros à l'eau

Selon l'Institut français de l'environnement (IFEN), l'analyse des pesticides contenus dans l'eau représente un coût annuel estimé à 9 millions d'euros.

Quelle peste ici de l'atrazine !

Les pesticides, qui regroupent toutes les familles de fongicides, d'insecticides et d'herbicides, sont de purs produits de l'industrie chimique. Ils résultent de la synthèse de plusieurs centaines de molécules dont l'impact sur l'environnement est peu connu malgré les tests de toxicité effectués dans les laboratoires des industriels. C'est ainsi que l'utilisation du lindane est interdite en France depuis 1998, celle de l'atrazine depuis 2003. Dans des régions fortement productrices de maïs – une culture gourmande en herbicides –, les agriculteurs qui appréciaient la facilité de mise en œuvre et le coût attractif de l'atrazine se sont élevés contre cette interdiction, arguant de son innocuité. Or, non seulement l'atrazine est répertoriée dans l'inventaire européen des produits chimiques commercialisés comme substance dangereuse prioritaire, mais elle se transforme, au cours de son processus de dégradation, en une molécule soupçonnée d'être plus nocive que la molécule mère. Particulièrement persistante, l'atrazine est le polluant le plus répandu dans les rivières et les nappes. Sur la base d'une utilisation annuelle estimée à 95 000 t, ce sont des centaines de millions de tonnes qui ont été rejetées dans la nature au cours des quarante dernières années. En 2003, en Poitou-Charentes, 18 % de la population a été concernée par des dépassements de seuils de potabilité du fait de la présence de ce polluant.

Pulvérisation de pesticides dans le Vaucluse.

Avis défavorable

Conçu pour remplacer l'atrazine, l'acétochlore est produit par les sociétés Monsanto et Dow Agrosciences. Ce pesticide a été homologué en 2001. Or, le renforcement des contrôles sur les pesticides, prescrit par la loi d'orientation agricole de 1999, oblige désormais à un suivi posthomologation. Les analyses effectuées sur des sources d'eau potable ont révélé, après seulement deux années d'utilisation, des concentrations supérieures aux limites de potabilité de l'eau. En conséquence, le Conseil supérieur d'hygiène publique de France a prononcé en 2004 un avis défavorable au renouvellement de son autorisation de mise sur le marché.

Quand le vin est tiré...

Les trois quarts des analyses effectuées entre 1992 et 1997 sur le captage de Vosne-Romanée, terre d'appellations viticoles prestigieuses, dépassaient les seuils de potabilité de l'eau. Ce constat est à la hauteur de la pollution engendrée par l'utilisation d'herbicides dans les vignes. Après avoir tenté d'en réduire l'application et de changer de produit, les 120 viticulteurs concernés se résolurent à adopter la technique de l'enherbement des vignes. Elle nécessite un important travail du sol, mais elle permet d'éviter l'utilisation massive de produits polluants. Pour autant, la question de la qualité de l'eau n'est pas réglée. Une nouvelle série de prélèvements effectués en 2002 et 2003 atteste de la persistance de la pollution. Depuis cinq ans, les concentrations conservent le même ordre de grandeur. Toutes les zones d'intenses activités viticoles sont touchées. À Pouilly-sur-Loire, les concentrations sont les plus élevées de l'ensemble du réseau régional. En Champagne-Ardenne, la zone de vignobles située sur le flan ouest du département de la Marne est la plus affectée. Jusqu'à 51 molécules différentes ont été identifiées lors des dernières campagnes de prélèvements. En Charente, les principaux pics de pollution de l'eau sont observés à l'aplomb des vignes.

Enquête de la Caisse

En novembre 2005, la Caisse sociale agricole a expédié 700 000 questionnaires aux agriculteurs, qui semblent plus particulièrement atteints par certains cancers (prostate, leucémies, peau).

L'atrazine est l'herbicide le plus répandu dans les eaux du territoire national. L'acétochlore, qui devait s'y substituer, a reçu un avis défavorable.

Nitrater, c'est la zone !

La directive cadre sur l'eau (DCE*) impose aux États européens de parvenir, d'ici à 2015, au bon état écologique de l'eau. En 2004, la Cour européenne de justice a condamné la France pour non-respect des limites de concentration des nitrates.

Azotate aiguë

Les nitrates sont issus de la décomposition de l'azote contenu dans les engrais chimiques et les effluents (lisiers, effluents agroalimentaires, boues...). Ils résultent en grande partie de la fertilisation des sols. Selon une étude de l'INERIS*, ils traverseraient les 20 premiers centimètres du sol en une dizaine d'années, avant de parcourir, en 4 ou 5 ans, les 10 mètres qui les séparent d'une nappe phréatique. À la suite de la prise de conscience de l'ampleur de la contamination des nappes par les nitrates, la directive européenne du 15 juillet 1980 impose aux États membres de fixer des limites de qualité. Malgré cela, les teneurs dans les eaux souterraines ne cessent d'augmenter. Elles entraînent chaque année l'abandon de plusieurs captages. Dans la nature, les phénomènes d'eutrophisation* se développent. En 2002, selon une estimation de l'Ifremer*, les flux d'azote rejetés à la mer par les cours d'eau du bassin Artois-Picardie, incluant la Somme et la Seine, s'élèvent à 290,6 t/jour. En termes de santé publique, l'absorption de nitrates engendre entre autres des méthémoglobinémies* (maladie bleue des nourrissons).

Zones très vulnérables

En 2002, la France a également été condamnée par la Cour européenne de justice pour délimitation insuffisante des zones vulnérables (ZV*). À la suite de cette condamnation, la révision des délimitations a abouti au classement en zones vulnérables de 46 % de la sur-

La vache !
En 2005, le cheptel français de bovins comptait 19,4 millions de têtes. Un bovin produit en moyenne 42 kg d'azote par an. Le cheptel porcin compte 15 millions de têtes. Un porc produit en moyenne 8 kg d'azote par an. Bœuf ou cochon, lequel pollue le plus ?

face agricole utile. La région Nord-Pas-de-Calais, où les teneurs en nitrates de l'eau augmentent de 1 mg/l par an depuis les années 1975, a été classée en totalité. Dans le département des Côtes-d'Armor, 40 cantons sur 52 sont des zones d'excédents structurels (ZES*). La prochaine révision de la délimitation de ces zones est prévue en 2006. Mis en place en 1994, le Programme de maîtrise des pollutions d'origine agricole (PMPOA) est censé contribuer à leur réduction. Il est financé par la redevance pollution perçue par les agences de l'eau et encourage les agriculteurs à modifier leurs pratiques. Le montant prévu pour ce programme sur la période 2002-2006 s'élève à 1,28 milliard d'euros. En Adour-Garonne, 12 268 éleveurs ont manifesté en 2002 leur volonté d'y adhérer. Fin 2004, seules 294 exploitations avaient reçu une aide – à hauteur de 2,3 millions d'euros. Pourtant, le communiqué diffusé le 2 décembre 2002 par le ministère de l'Agriculture spécifiait que « *tous les éleveurs ayant envoyé leur déclaration d'intention d'engagement avant le 31 décembre 2002 pourront bénéficier de ces aides* ».

Dépôt de bilan

Dans le Nord-Pas-de-Calais, les eaux souterraines sont contaminées chaque jour par 147 t d'azote d'origine agricole. Dans l'ancien bassin minier de Lens et l'arrondissement d'Arras, les teneurs en nitrates de l'eau peuvent atteindre le double du seuil maximal déterminé par la directive européenne du 12 décembre 1991, soit 50 mg/l. Le rapport 2004 de l'agence de l'eau Seine-Normandie fait également état d'une dégradation continue de l'eau par les nitrates. Sa mauvaise qualité est constatée dans plus de la moitié des stations de surveillance. Dans 14 % des cas, les teneurs sont supérieures à 50 mg/l. Dans le bassin de la Seine, la contamination est imputée à l'accumulation de 50 à 70 kt/an de nitrates dans les nappes. Sur les 53 masses d'eau rattachées au bassin, 46 risquent de ne pas réaliser les objectifs de qualité de l'eau d'ici à 2015.

La solution par l'abandon

En 2003, en Bretagne, les teneurs maximales en nitrates ont chuté de 91 mg/l en 1999 à 67 mg/l... grâce à l'abandon des captages les plus pollués !

> La pollution par les nitrates concerne des régions entières. Elles sont atteintes à différents niveaux et se répartissent entre zone vulnérable et zone d'excédent structurel.

Uranium : pollution en chaîne

**En cinquante ans, la France a extrait
76 000 tonnes d'uranium. Aujourd'hui,
les mines sont fermées, mais les eaux
ruissellent... Dans 7 % des cas, elles
reçoivent un traitement avant rejet.**

Sous bénéfice d'inventaire

La production d'uranium en France est à l'origine
de 166 millions de tonnes de résidus miniers, utilisés
en remblais ou immergés dans les anciennes mines.
Publié en 2004, l'inventaire de ces sites réunit les
informations concernant leur localisation, leur histo-
rique et leur niveau de surveillance, voire de traitement. Initié par le ministère de l'Écologie, il a été
dressé à partir des données communiquées par les
exploitants, en l'occurrence la COGEMA, responsable de la quasi-totalité des 191 sites répertoriés.
Lors d'une étape ultérieure, ce programme aura pour
objectif de déterminer l'origine de contaminations.

Ironie du Gabon

Il est d'usage de réhabiliter les anciennes mines à ciel
ouvert en les transformant en plans d'eau. Cette technique, présentée sous l'angle de la réintégration dans
le paysage, permet surtout de constituer d'importants sites de stockage des résidus miniers. À Saint-
Priest-la-Prugne, dans la Loire, plus d'un million
de tonnes de résidus sont ainsi stockés derrière un
barrage de type « digue homogène en terre ». Sur les
17 sites de ce type répartis dans 13 départements,
11 ont été élaborés selon le même procédé. Dans certains cas, les digues peuvent atteindre une hauteur
de 50 m. Ce type de stockage est répandu dans
le monde, mais il comporte les risques de fuites et
de ruptures inhérents aux barrages. En France,
la plupart de ces sites sont placés sous surveillance,

**Plongées
dans la mine**

Les anciennes mines
d'uranium ont
été diversement
reconverties en
centre de pêche
à la mouche,
en bases de loisirs,
en stands de tirs,
en centre de
plongée, en site
de spéléologie...

toile de fond | l'air | les sols | l'eau

à l'instar du site de Gueugnon, en Saône-et-Loire. Ce dernier accueillait récemment les résidus issus du démantèlement et de la réhabilitation des mines de Mounana, au Gabon, exploitées pendant quarante ans par la Compagnie des mines d'uranium de Franceville, filiale de la COGEMA.

Sédiments opportuns

Comptant de nombreux sites miniers, le Limousin est particulièrement concerné par l'impact des mines d'uranium sur l'environnement. Selon la DRIRE*, le volume des résidus y est estimé à 24 millions de tonnes. Le 13 janvier 2004, un arrêté préfectoral prescrivait à la COGEMA la réalisation d'un bilan environnemental sur la base du rapport de l'inspecteur des installations classées* signalant que « *les eaux naturelles continuent à circuler dans les anciens travaux miniers et à percoler au travers des stockages de stériles ou de résidus de traitement* ». Livré onze mois plus tard, ce bilan souffrait de lacunes relatives à la réduction des émissions radioactives à la source, à l'étanchéité des sites de stockage, à la stabilité des digues... La version revue et corrigée, diffusée en janvier 2006, admet finalement la présence légère de radium dans certains cours d'eau à faible débit. Elle reconnaît aussi un marquage radiologique plus fort des sédiments dans différentes retenues d'eau, notamment sur la réserve d'eau brute destinée à la ville de Limoges ou du lac de Saint-Pardoux. Mais, selon la COGEMA, dans la mesure où les sédiments piègent les éléments radioactifs, la qualité des cours d'eau voisins s'en trouve améliorée. Mise en examen à la suite de la plainte déposée en 2002 par des associations de protection de l'environnement pour pollution des eaux et abandon de déchets, la COGEMA a finalement été relaxée en 2005. Dans son bilan environnemental, elle propose pourtant un traitement de décantation en amont du lac de Saint-Pardoux afin de réduire l'apport en radioéléments.

Une mine de résidus

La dernière mine d'uranium française, située à Jouac, en Haute-Vienne, a fermé ses portes en 2001. Elle a produit 6 608 t d'uranium et 1,7 million de tonnes de résidus de traitement.

Les activités minières françaises ont généré, par la quantité phénoménale de résidus qui en ont résulté, un véritable problème de pollution environnementale. La COGEMA tente d'en réduire l'impact.

Captages : protections du lendemain

En France, 61 % des captages destinés à la production d'eau potable ne sont pas protégés des pollutions. Plus de 600 stations sur 1 014 du réseau de surveillance des eaux souterraines sont déjà contaminées par les pesticides.

Prévenir n'est pas guérir

Selon le Commissariat au plan, le nombre de captages actifs s'élève à 36 581. Ils fournissent chaque jour 17,9 millions de m³ d'eau destinée à la consommation domestique. La moitié de ce volume provient de captages non protégés. Une protection suppose, outre une déclaration administrative d'utilité publique (DUP), de délimiter un périmètre qui les isole des activités humaines. Les labours alentour sont supprimés. En vertu de l'arrêté du 25 février 1975, l'utilisation de pesticides ou de fertilisants peut être restreinte dans les bassins d'alimentation des captages. Ces dispositifs visent surtout à prévenir les pollutions, à éviter qu'elles ne s'aggravent, mais pas à les supprimer. En atteste le contexte breton où ils ont été largement déployés ces dernières années. Si, dans cette région, la proportion de la population ayant reçu une eau de qualité conforme est en augmentation, elle le doit essentiellement à l'abandon des captages les plus pollués.

> **Consommation restreinte**
> En 2003, 57 % des restrictions relatives à l'usage alimentaire de l'eau ont touché l'Oise, la Seine-et-Marne et l'Eure-et-Loir.

Des coups dans l'eau

Selon le rapport de la Cour des comptes présenté en 2002 au président de la République au sujet de la préservation de la ressource en eau face aux pollutions agricoles, le cas de la Bretagne est révélateur de

« *l'absence de politique volontariste et constante pour freiner un processus amorcé trente ans auparavant* ». Ses auteurs déplorent qu'aucun des principes d'action retenus par le législateur n'ait été respecté. Ces principes consistent à privilégier l'action préventive et à faire supporter aux responsables de la détérioration tout ou partie du coût des actions mises en place. « *Les nombreuses actions mises en œuvre en Bretagne depuis 1993, époque d'une première prise de conscience, se sont ajoutées sans parvenir à démontrer de résultats probants, bien que des fonds publics d'un montant supérieur à 310 millions d'euros aient été engagés.* » Sur la base de ce constat, la loi n° 2004-806 du 9 août 2004 stipule qu'à l'horizon 2008 le pourcentage de la population alimentée par une eau non conforme aux seuils de qualité doit être divisé par deux. Elle contraint à la mise en œuvre des plans de protection des captages et exige une réalisation totale à l'horizon 2010.

Politique d'abandon

« *On observe une tendance à l'abandon des captages qui révèlent la contamination de la ressource.* » Commissariat au plan, 2001.

Captages cherchent protection

Toutes les régions sont peu ou prou concernées. En Île-de-France, une vingtaine de prises d'eau de surface fournissent 75 % de l'eau consommée. Seules cinq sont protégées. Dans cette région où la pression foncière est forte, la principale difficulté consiste, pour les collectivités locales, à acquérir et à clôturer les terrains concernés. En Rhône-Alpes, au 1er janvier 2004, 51 % des captages restaient à protéger. En Auvergne, la proportion des captages à protéger atteint 65 %, l'une des plus élevées du territoire national. Dans cette région, ce sont les communes situées en zones montagneuses qui éprouvent les plus grandes difficultés à garantir la qualité des eaux qu'elles distribuent en raison de la multiplication des petits captages. En région Centre, il a été constaté que la durée de dépassement des seuils de potabilité s'allonge d'année en année. Dans les départements du Cher et de l'Eure-et-Loir, la contamination de l'eau de consommation par les pesticides concerne 10 à 30 % de la population.

La protection des captages permet essentiellement de prévenir les pollutions. Dans les régions où elles sont trop importantes, les captages sont purement et simplement abandonnés.

Santé et environnement : thérapie groupée

Selon l'ADEME*, le bilan sanitaire de la pollution atmosphérique est comparable à celui des accidents de la route. En 2005, le Plan national santé environnement est doté de 38 millions d'euros.

Plan de traitement

Le Plan national santé environnement (PNSE) participe de la stratégie nationale de développement durable*. Adopté le 21 juin 2004, ce plan quinquennal répond aux engagements pris par la France à l'égard de l'OMS* en 1999 à Londres. Il vise à diagnostiquer l'exposition des Français aux pollutions en privilégiant trois domaines : la qualité de l'air et de l'eau, la prévention des cancers et d'autres maladies d'origine environnementale, l'information du public et la protection des personnes sensibles. Il se décline en 45 actions, dont 12 prioritaires : le recensement des tours aéroréfrigérantes à l'origine des épidémies de légionellose, celui des sites pollués par les émissions de plomb, l'organisation de campagnes de prévention des effets de la canicule... En 2005, plus de 13 000 tours aéroréfrigérantes ont été recensées ; 9,3 millions de plaquettes délivrant des conseils de prévention en cas de forte chaleur ont été diffusées ; d'avril 2004 à juin 2005, 1 080 captages ont été protégés ; les plans régionaux de protection de l'air ont été relancés de sorte que la moitié d'entre eux doivent être adoptés au cours de l'année 2006.

Pathologies locales

Les Plans régionaux santé environnement (PRSE) émanent du PNSE. Ils sont élaborés sous la responsabilité du préfet et en fonction des spécificités locales. Fin 2005, la majorité de ces plans était soumise à

toile de fond   l'air   les sols   l'eau

la consultation publique sur la base d'un avant-projet rédigé par les représentants des services de l'État (préfecture, DRIRE*, DIREN*, DRASS*, services vétérinaires, rectorat...). Au titre des spécificités locales, la Bretagne a privilégié la lutte contre la pollution des eaux par les pesticides. En Auvergne, le plan propose de réduire l'exposition du public aux bruits de la cité. En Rhône-Alpes, une action ciblée concerne le phénomène des pollens et de l'ambroisie. Dans cette dernière région, ainsi qu'en Île-de-France, les consultations publiques étaient achevées dès la fin de l'année 2005. En Rhône-Alpes, elle a été menée *via* le site Internet de la DRASS, chacun étant invité à définir les priorités, au premier rang desquelles ont été classées la réduction de la pollution atmosphérique industrielle et la préservation des captages d'eau potable. En Île-de-France, elle a pris la forme d'un questionnaire adressé à 50 associations et 250 communes. Le taux de réponse s'est élevé à 19 %, un taux si restreint qu'il a nécessité une nouvelle consultation.

Le travail, c'est pas la santé

Selon l'AFSSET, 38 % des salariés – 7 millions de personnes – ont été exposés à un ou plusieurs agents chimiques cancérigènes, mutagènes ou reprotoxiques en 2003.

Chaque année, 35 000 maladies professionnelles

Dans le prolongement du PNSE, le plan santé au travail a été adopté en février 2005. Il répond à quatre objectifs : accroître la connaissance des risques et des expositions, renforcer les contrôles, développer la culture de prévention et associer les chefs d'entreprise à cette démarche. Concrètement, il suppose le recrutement à court terme de 50 scientifiques au sein de l'Agence française de sécurité sanitaire de l'environnement et du travail (AFSSET), la surveillance accrue des cancers professionnels, la création de cellules régionales animées par des ingénieurs de prévention et des médecins du travail chargés d'aider les inspecteurs du travail à évaluer les risques potentiels sur les lieux de travail... Dans le cadre de ce plan, 5,7 millions d'euros ont été consacrés en 2005 au développement de l'expertise de santé au travail.

Le PNSE vise à établir un diagnostic de l'exposition des populations à la pollution. Il s'accompagne d'actions concrètes déclinées au niveau local et dans les entreprises. Bilan en 2008.

Suffocations urbaines

En 1999, l'Institut national de veille sanitaire a étudié les effets de la pollution sur la santé dans neuf villes françaises. Il a estimé qu'elle était à l'origine de 2 800 décès anticipés par an.

Facteur majeur

Lors de la canicule d'août 2003, l'ozone a été un facteur de mortalité déterminant à Strasbourg et à Toulouse. À Paris et à Lyon, il a joué un rôle mineur par rapport à l'effet des températures.

Compétition fumeuse

La pollution de l'air est devenue un problème de santé publique à l'échelle européenne. Tel est le constat établi dans le cadre du programme APHEIS (Air Pollution and Health : A European Information System). Créé en 1999, il a permis d'instaurer un système de surveillance épidémiologique de l'impact sanitaire de la pollution atmosphérique dans 26 villes de 12 pays. Les deux indicateurs retenus sont les particules (PM 10, PM 2,5) et les fumées noires. Dans le dernier rapport, édité en 2005, il ressort que 21 villes produisent deux fois plus de PM 10 que ne le prévoient les valeurs maximales : Bucarest, Athènes, Rome et Séville enregistrent les concentrations les plus importantes. Concernant les fumées noires, les niveaux les plus élevés sont constatés à Athènes, Lyon, Barcelone et Cracovie. Quant aux PM 2,5, la ville de Marseille est en tête des émissions. En termes d'espérance de vie, la réduction des concentrations de PM 2,5 se traduirait par un gain de 2 à 13 mois d'espérance de vie pour une personne de 30 ans.

Dépassements non réglementaires

En 2003, les 15 stations de surveillance de la qualité de l'air dans les Bouches-du-Rhône ont enregistré 865 dépassements des seuils réglementaires.

Âge critique

L'une des premières études à avoir démontré le lien entre les effets à court terme de la pollution atmosphérique et les admissions hospitalières pour cause respiratoire des personnes âgées a été publiée en 1995. Conduite dans les villes américaines de New Haven (Connecticut) et Tacoma (Washington), elle a porté sur trois polluants : les particules, le soufre et l'ozone*. Ce lien a été confirmé par une étude conduite en 2004 à Vancouver. Il établit un rapport

toile de fond   l'air   les sols   l'eau

entre des niveaux moyens de particules et l'hospitalisation chaque année d'un millier de personnes de plus de 65 ans pour cause de broncho-pneumopathies chroniques. La pollution par les particules a également été étudiée pen-

dant une période de dix ans, entre 1988 et 1997, sur une population de 1 469 personnes âgées résidant dans la communauté urbaine de Bordeaux. Il a été constaté une élévation du risque de décès dans les trois jours qui suivent un épisode de pollution.

Manifestation dans les rues de Paris en 1998, alors que la capitale connaît un nouveau pic de pollution.

Seuils mortels

L'évaluation de l'impact sanitaire de la pollution atmosphérique urbaine (villes de plus de 100 000 habitants) a débuté en 1997. Généralement fondée sur les admissions hospitalières, elle se poursuit encore aujourd'hui. Dans les agglomérations de Tours et d'Orléans, où les niveaux de pollution enregistrés sont inférieurs aux seuils fixés, les répercussions sanitaires de la pollution sont néanmoins observables. Les cas de mortalité liés aux concentrations chroniques de polluants dans l'atmosphère atteignent 59 à Orléans et 61 à Tours. Une meilleure prévention des pics de pollution, ainsi qu'une réduction supplémentaire de 25 % des concentrations de polluants, permettraient de les éviter. À cet égard, seule une baisse drastique des seuils serait efficace. En effet, d'après l'évaluation réalisée en 2005 pour Montpellier et une dizaine de communes alentour, il s'avère que les normes européennes qui doivent entrer en vigueur en 2010 sont déjà insuffisantes pour prévenir les décès anticipés* dus à la pollution atmosphérique. Dans la zone étudiée, elle est directement responsable, chaque année, de 34 décès anticipés. Elle provient essentiellement du trafic routier. À Orléans, la mortalité liée à la pollution est imputable à l'ozone ; à Tours, aux oxydes d'azote.

Le lien entre pollution atmosphérique et mortalité est à l'étude depuis les années 1990. Il se confirme à tel point que les seuils de pollution les plus restrictifs sont déjà obsolètes.

De cause à effets : le lien manquant

Benzène, dioxines, particules... : les polluants sont connus. Les cancers sont identifiés. Mais les enquêtes épidémiologiques manquent, à l'évidence.

Pathologie gauloise

En France, le taux de décès par cancer pour les hommes est le plus élevé des États de l'Europe des Quinze.

Dioxines, tirage au sort

« *En l'état actuel des connaissances, aucun cas de cancer n'a pu être formellement attribué à une exposition aux dioxines en population générale.* » Telle est la conclusion du rapport *Dioxines dans l'environnement, quels risques pour la santé ?*, publié en 2003 par l'INSERM*. Pourtant, le même rapport souligne la dangerosité de ces polluants, considérés par les Américains, à partir d'expérimentations en laboratoire, comme les plus puissants cancérigènes connus. Ce jugement est corroboré par l'évaluation effectuée, en 1997, par le Centre international de recherche sur le cancer de l'OMS* à partir d'études menées auprès de producteurs d'herbicides. C'est cette évaluation qui a présidé au classement de la dioxine au rang de « cancérogène humain connu ». En France, une étude conduite par un médecin épidémiologiste dans les années 1990 aux environs de l'usine d'incinération de Besançon a établi un lien entre la dioxine et la survenue excessive de deux pathologies cancéreuses, dont le lymphome non hodgkinien ; mais cette étude n'est toujours pas reconnue. Par ailleurs, il est admis que la fréquence de ce cancer augmente de 5 % par an depuis les années 1970. La dioxine est suspectée, les pesticides aussi...

Enquêteurs de cancers

Dans le cadre du plan cancer lancé en 2003, l'INVS a été investi par le législateur de la mission de surveillance épidémiologique des cancers.

En 2004, l'Institut national de veille sanitaire (INVS) a lancé une enquête nationale sur l'imprégnation par les dioxines des populations vivant à proximité d'usines d'incinération d'ordures ménagères. Elle concerne 1 000 personnes tirées au sort et réparties sur une quarantaine de communes. Les résultats doivent être publiés à la fin du premier semestre 2006. À titre de comparaison, l'enquête menée par la caisse sociale agricole quant au lien entre activités agricoles et cancers porte sur 700 000 personnes.

Benzène en ville, leucémies à venir

Le benzène est le plus toxique des solvants issus de la famille des hydrocarbures aromatiques polycycliques (HAP*). Mesuré par les associations de surveillance de la qualité de l'air, il provient essentiellement des gaz d'échappement et des émissions des réservoirs d'essence. Le premier cas de leucémie provoqué par une exposition au benzène a été identifié dans l'industrie pharmaceutique en 1928. Mais ce n'est qu'au début des années 1970 que des études épidémiologiques apportent la preuve du lien entre les émissions de benzène et la survenue de leucémies provoquées par une exposition faible mais répétée. Pourtant, il ne sera interdit dans les classes de chimie des collèges et des lycées qu'en 1993. Selon une enquête réalisée par l'OMS en Italie du Nord, le risque de leucémie infantile est quatre fois plus élevé pour les enfants fortement exposés aux émissions de benzène provenant de la circulation automobile. Jusqu'en 2000, les teneurs en benzène du carburant étaient de 3 %, contre 1 % actuellement. Les leucémies provoquées par l'inhalation de benzène se caractérisent par une longue période de latence.

Cancers par calcul

Publiée en 2004 par l'Agence française de sécurité sanitaire, l'étude de l'impact en France d'une exposition chronique aux particules fines au cours des quinze dernières années permet d'estimer la mortalité par cancer du poumon. Le nombre de décès dus à cette maladie varie, selon le mode de calcul retenu, entre 670 et 1 117 pour 15 millions de personnes de 30 ans ou plus.

Les dangers de la moto

Une étude réalisée en 1999, avant la réduction des teneurs en benzène dans l'essence, auprès de 114 mécaniciens a révélé une exposition plus élevée dans les garages motos que dans les garages autos.

Aujourd'hui, les enquêtes épidémiologiques n'établissent pas de lien entre pollution et santé : elles sont trop restreintes ou relativisées.

Reproduction compromise

Anomalies de la reproduction, dérèglement du système endocrinien... Plusieurs substances chimiques ont des effets avérés.

Stade 4 : pénis allongé

En 1938, une étude présentée à la Société royale de Londres apporte la preuve que certaines molécules chimiques sont susceptibles d'agir comme des hormones. Depuis, le champ de leurs effets s'est élargi et ces molécules ont été qualifiées de perturbateurs endocriniens. Leur impact sur la faune et la flore, qu'il ait été mesuré en laboratoire ou dans la nature, est avéré. Il se traduit, entre autres, par la féminisation d'organes mâles, et vice versa. Obligatoire depuis 2003, le suivi de la pollution provoquée par le tributylétain (produit de protection des coques des navires) est fondé sur la mesure de l'imposex : cet indicateur biologique permet de caractériser six étapes de la masculinisation d'une femelle bigorneau sous l'effet de la contamination par le tributylétain. Une ébauche de pénis apparaît au premier stade. Au cinquième, la femelle est stérile faute de n'avoir pu expulser ses œufs. Au sixième stade, elle est totalement masculinisée. En 2003, la majorité des femelles prélevées et analysées par l'Ifremer* avait atteint le stade 4. Leur pénis s'était allongé ainsi que le conduit qui relie chez le mâle cet organe à la prostate.

Génération Distilbène®

Les effets sur l'être humain des perturbateurs endocriniens sont fortement suspectés mais difficiles à établir, surtout en l'absence d'études approfondies. Il existe toutefois des précédents historiques qui ont forcé l'évidence. Tel est le cas du diethylstilbestrol. Cet œstrogène, distribué sous le nom de Distilbène® et de Stilboestrol-Borne®, a été prescrit à partir de 1950

toile de fond | l'air | les sols | l'eau

et jusqu'en 1977 essentiellement pour prévenir les avortements spontanés. Or, dès 1971, des cas de cancers du vagin sont détectés chez des jeunes filles exposées *in utero* à cette hormone de synthèse. La corrélation avec d'autres pathologies et anomalies congénitales est progressivement établie. Selon la sénatrice Nicole Bricq,

> **Fuite ou usage frauduleux ?**
>
> L'une des sources d'alimentation en eau potable de Belgentier (Var) est contaminée, de façon périodique, au lindane. Les teneurs s'élèvent à 5,5 µg/l contre 0,1 µg/l, valeur de potabilité. Fuite d'un fût de stockage ou usage frauduleux : les hypothèses sont à vérifier.

80 000 femmes nées pour la plupart dans les années 1970 sont susceptibles d'être concernées. Lors de la séance du 25 novembre, elle rappelait que l'État « *a manqué à son devoir de vigilance dans la période où, contre des avis scientifiques, le Distilbène® a continué à être mis en vente en France* ». Début 2006, ce médicament est toujours commercialisé, mais il est réservé au traitement des cancers de la prostate.

Identification des perturbateurs

Réunie en 2001 à Aronsborg (Suède) dans le cadre de la stratégie communautaire relative aux perturbateurs endocriniens, la communauté scientifique admet l'effet de ces substances sur la baisse de la qualité du sperme, à défaut d'un lien formellement établi. Ces conclusions renforcent la stratégie communautaire qui établit des priorités d'évaluation à partir d'une liste composée de 553 substances chimiques utilisées dans l'industrie, l'agriculture ou les produits de consommation. Un premier classement est opéré : il distingue trois catégories. La première regroupe 9 substances non réglementées bien qu'elles aient des effets démontrés ou potentiels. La deuxième recense 115 substances qui possèdent les mêmes effets mais qui sont déjà soumises à restriction. La troisième, celles pour lesquelles les connaissances sont insuffisantes. Parmi les 115 substances ayant des effets démontrés ou potentiels, 11 sont des dioxines et furannes ; 45 sont des pesticides, dont le lindane et l'atrazine.

> En 2007, les perturbateurs endocriniens seront soumis à autorisation avant leur mise sur le marché. 553 substances (dioxines, éthers, pesticides, ...) sont suspectes.

L'épée de Saturne

Le saturnisme sort des taudis ; il se répand à la faveur des rejets des usines, des sols pollués, des canalisations en plomb. En 1997, l'INSERM* estimait à 84 000 le nombre d'enfants atteints. Autre temps, autres sources...

Suivez le guide

La lutte contre le saturnisme engagée par le Plan national santé environnement suppose le dépistage systématique de cette maladie, notamment dans le périmètre des sites industriels émetteurs de plomb. En 2004, l'inspection des installations classées* a dressé une liste de 432 installations à l'origine d'une contamination des sols par le plomb. En effet, des études réalisées dans les années 2000 en Rhône-Alpes et dans la région Centre ont montré que les plombémies sont généralement plus élevées à proximité de ces installations. Toutefois, à cette date, le dépistage fut entravé par des problèmes de méthodologie liés essentiellement aux hésitations sur son bien-fondé. Paru en 2002, le guide *Dépistage du saturnisme infantile autour des sources industrielles de plomb* est suivi en 2005 du *Guide d'investigation environnementale des cas de saturnisme de l'enfant*. Ils constituent désormais les cadres de l'action.

Enfance plombée

Implantée depuis 1894 à Noyelles-Godault, dans le Pas-de-Calais, l'usine Metaleurop fut, jusqu'à l'arrêt de ses activités en 2003, la première unité de fusion primaire de plomb en Europe. Dans le cadre de la campagne de dépistage du saturnisme infantile menée en 2002-2003 par l'Observatoire régional de la santé Nord-Pas-de-Calais, 307 enfants ont été sélectionnés dans les communes environnantes pour un dosage de la plombémie – examen sanguin révélant une intoxication à partir de

Dépistage à activer

« *L'INSERM estimait en 1997 à 84 000 le nombre d'enfants de moins de 6 ans atteints de saturnisme en France. Or, en 2001, seulement 423 cas ont été déclarés sur l'ensemble du territoire... Il ne semble pas s'agir d'une sous-déclaration, mais bien d'une forte insuffisance des activités de dépistage.* » **Inspection générale des affaires sociales, rapport n°2004 034, mars 2004.**

toile de fond | l'air | les sols | l'eau

100 µg/l. Les résultats se sont échelonnés entre 17 µg/l et 251 µg/l. 11 % des enfants ont présenté une plombémie supérieure à 100 µg/l ; la plupart résidaient à Évin-Malmaison, la commune la plus proche du site. Cette campagne de dépistage fut associée à une campagne de prélèvement des poussières, à l'extérieur et à l'intérieur de 28 logements – ceux des enfants les plus touchés – et dans les 12 écoles des 5 communes. En intérieur, la valeur maximale mesurée a atteint 10 060 µg/m², contre 1 000 µg/m², valeur de référence. Quant aux écoles, les concentrations les plus élevées ont également été mesurées à Évin-Malmaison. Après la fermeture du site, la plombémie a chuté en moyenne de 8,2 % sur l'ensemble de la zone.

Changement de réseau

Au début des années 1980, 105 cas de saturnisme ont été diagnostiqués en huit mois dans les Vosges. Ils ont été corrélés à de fortes teneurs en plomb dans l'eau dues à son cheminement dans des canalisations en plomb. Dans le domaine public, leur utilisation a été généralisée jusque dans les années 1960 ; elle est interdite depuis 1995. Trois ans plus tard, une directive européenne stipule que la teneur en plomb de l'eau potable ne devra pas excéder 10 µg/l d'ici à 2013 – contre 25 actuellement. Elle impose aussi l'élimination totale de ce métal dans le réseau public. En 2000, les Directions des affaires sanitaires et sociales (DASS) ont estimé que 37 % des logements étaient desservis par des branchements publics en plomb. Un certain nombre de communes ont d'ores et déjà lancé les travaux nécessaires à leur élimination. D'ici à 2013, la communauté d'agglomérations de Béziers (Hérault) doit remplacer 10 000 branchements ; elle a prévu d'en réhabiliter 1 000 en 2005 à raison de 1 000 euros par branchement. À Montauban (Tarn-et-Garonne), 5 600 branchements en plomb ont été recensés ; les travaux s'échelonnent sur dix ans à raison de 500 branchements par an et de 1 300 euros par branchement.

La lutte contre le saturnisme figure au nombre des actions prioritaires du PNSE. Elle suppose un dépistage systématique, notamment dans le périmètre des industries émettrices de plomb.

Écologie, égalité, complexité

Les grands textes l'affirment : l'eau et l'air doivent être de qualité pour tous. Les inégalités écologiques sont flagrantes à l'échelle de la planète, pas en France...

Causes connues

D'après la Délégation à l'aménagement du territoire et à l'action régionale (DATAR), c'est la périurbanisation et l'étalement urbain qui entraînent l'augmentation des pollutions et le cumul des inégalités écologiques.

Problématique à problèmes

À la base, les politiques environnementales sont dévolues à la préservation et à la gestion des ressources de la nature. Désormais, elles devront s'adapter aux principes du développement durable* et considérer tant les ressources que les populations et leur niveau d'exposition aux pollutions. Cette réflexion est l'objet d'un rapport élaboré en 2005 par l'Inspection générale de l'environnement à l'attention du ministère de l'Écologie, qui souhaite introduire dans les politiques urbaines des éléments de lutte contre les inégalités écologiques. Participant d'une démarche nouvelle, elle souffre encore de l'absence de définitions précises et d'éléments d'évaluation. Il en ressort toutefois qu'il n'y a pas de corrélations systématiques entre inégalités sociales et inégalités écologiques, et que ces dernières relèvent plutôt d'une problématique de gestion du territoire.

Casse-tête

Depuis peu, les politiques urbaines visent à la diminution de la circulation dans les centres-villes de sorte qu'ils soient plus respirables. Les mesures effectuées en 2004 place Royale, à Nantes, lors de la journée « Bougez autrement », ont marqué une réduction de 10 à 20 % des polluants, alors même que la circulation n'avait été interdite que partiellement. Ce faisant, la circulation automobile et son lot de pollutions

« Bougez autrement » à Orléans, entre les vélos « pousse-pousse » et le tramway.

toile de fond | l'air | les sols | l'eau

sont repoussés vers des extérieurs non moins résidentiels. Une campagne de mesure du dioxyde d'azote, effectuée à Bordeaux en 2004-2005 à l'aide d'un millier de capteurs répartis sur une centaine de sites – dont 27 sites de proximité automobile et 7 sites de proximité industrielle –, a montré l'influence du trafic routier sur les concentrations de ce polluant dans l'air. La rocade et la ceinture des boulevards constituent les axes les plus touchés. À l'inverse, dans les Bouches-du-Rhône, les mesures réalisées à Martigues, Salon-de-Provence, Arles, Vitrolles... ont révélé une pollution plus importante dans le centre pour cause d'habitat resserré et de petites rues non ventilées. À défaut de constantes établies, il est difficile de dresser un tableau des inégalités écologiques. Toutefois, certains éléments y contribuent déjà. En effet, la superposition de la carte des zones urbaines sensibles (ZUS) et celle des échangeurs routiers est riche d'analyse. Non seulement les résidents de ces quartiers sont les moins motorisés, les dessertes de transports en commun les moins fréquentes, mais de surcroît les niveaux de pollution y sont les plus élevés.

Quand le vent ne tourne pas

Parallèlement à la pollution automobile, la proximité des sites industriels constitue une autre source d'inégalités écologiques. Dans la région havraise, en 2004, les concentrations de dioxyde de soufre ont globalement baissé dans toutes les communes de l'estuaire de la Seine, à l'exception de Gonfreville-l'Orcher, une ville de 10 000 habitants classée intégralement en secteur Seveso*, où les niveaux se maintiennent au-dessus des valeurs limites. Dans cette agglomération placée sous le vent des rejets de la zone industrielle régionale voisine, le dispositif d'alerte mis en œuvre lors d'un dépassement des seuils de pollution a été déclenché à 10 reprises. Les zones industrielles de Lacq, en Aquitaine, et de Feyzin, en Rhône-Alpes, connaissent des contextes similaires.

Inégalités européennes

Pour respirer un bon air en Europe, mieux vaut vivre à Stockholm, en tête des villes sans pollution, Oslo ou Zurich qu'à Milan, Athènes, Londres ou Paris.

Le concept d'inégalités écologiques émane des principes du développement durable. Malgré une définition encore floue, quelques situations permettent de repérer les insuffisances de l'aménagement du territoire.

Dépollution : moment de défaillance

Depuis la liquidation de Metaleurop Nord, les industriels doivent fournir aux préfets des garanties financières pour la remise en état du site : un moyen de prévenir leurs défaillances trop fréquentes.

Pollueur-lâcheur

En février 2003, Metaleurop SA annonçait sa décision de lâcher sa filiale Metaleurop Nord. Le mois suivant, l'entreprise fermait ses portes, abandonnant à l'État – le liquidateur étant défaillant – la gestion de l'un des sites les plus pollués de France. La pollution, qui s'étend au-delà des enceintes de l'usine et touche une dizaine de communes alentour, a été provoquée par un siècle de rejets massifs de plomb, de cadmium et de zinc, s'accumulant dans les sols et contaminant les végétaux. Le coût de la dépollution des 35 hectares de ce site s'élève à 22 millions d'euros, financés par l'État, par la Région et par la revente des équipements et des matériaux de l'ancienne fonderie. À elle seule, l'opération d'évacuation des produits dangereux a coûté 2 679 000 euros.

> **Substitut du capital**
> L'ADEME* consacre chaque année 10 à 12 millions d'euros à la dépollution des sites à la suite de la défaillance des industriels.

Plomb mal traité

Selon l'inventaire des sites pollués, la contamination au plomb touche actuellement quelque 500 sites. Si les émissions ont été réduites de 96 % entre 1990 et 2003 grâce à la suppression du plomb dans les carburants, elles persistent du fait de l'utilisation de ce métal dans les batteries, les piles, les pigments, les alliages, la verrerie... Hormis quelques tentatives peu concluantes et très coûteuses de traitement des sols par tamisage, les sols pollués sont excavés puis coulés dans un

toile de fond   l'air   les sols   l'eau

ciment qui fixe le plomb sur les particules de terre et évite leur dispersion. Ainsi solidifié, le sol est transporté en bloc et confiné dans une décharge spéciale.

Ça gaze au Stade de France

En 1992, la candidature de la France pour l'organisation de la Coupe du monde de football 1998 est acceptée. Le site retenu pour la construction du futur Stade de France est celui d'une ancienne usine implantée sur les terrains du Cornillon, à Saint-Denis. Propriété de Gaz de France, elle a produit entre 1912 et 1969 du gaz à partir de la distillation de la houille. Selon un rapport de la Cour des comptes, « *le problème de la pollution des terrains choisis, qui ne pouvait être ignoré à l'époque, n'a fait l'objet d'une étude précise des mesures nécessaires et de leur coût qu'après que la décision d'attribution de la concession a été prise* ». Cette situation aboutit immanquablement à un conflit entre les concessionnaires et les services du ministère de l'Économie, la prise en charge de la dépollution incombant à l'ancien propriétaire : l'État. En 1996, il est convenu que ce dernier verse aux concessionnaires une indemnité à répartir entre les travaux d'assainissement du sol et un dédommagement pour les perturbations de chantiers induites par la pollution des terrains. Pour le directeur général du consortium Stade de France, « *les travaux finalement supportés à hauteur de 40 MF par le concédant au titre du traitement de la pollution constituaient une solution a minima* ». En effet, les 70 000 m^3 de matériaux excavés et le confinement des terres n'ont toujours pas permis de résorber la pollution du sol. Elle se traduit par des teneurs anormales d'hydrocarbures et d'HAP* dans les eaux souterraines, ainsi que par des émanations régulières de gaz dans les sols. Dans le cadre de la surveillance en continu du site, ces dernières sont aspirées dès lors que les valeurs approchent des seuils maximaux de 100 ppm.

Un euro la friche

Dans le Nord-Pas-de-Calais, le service des domaines fixe à un euro symbolique le prix des parcelles polluées.

L'assainissement des sites par la dépollution des sols représente un coût financier tel que l'État a renforcé l'obligation de garantie financière de la part des industriels.

L'eau, le blé et l'argent du blé

Système d'irrigation.

Ils polluent beaucoup, mais contribuent peu. Selon un rapport de la Cour des comptes, entre 1997 et 2002, les agriculteurs ont été les bénéficiaires nets de l'action des agences de l'eau.

Facture en liquide

Après avoir été prélevée par captage, l'eau est dirigée vers l'une ou l'autre des 15 000 stations de traitement du territoire. Près de 60 % d'entre elles ont une capacité de production inférieure à 100 m³/jour : elles correspondent à l'alimentation en eau d'environ 500 habitants, et ne nécessitent qu'une technique de traitement simple par filtration rapide et désinfection. Mais aussi nombreuses soient-elles, elles ne fournissent qu'une part infime de la production nationale. En effet, la moitié des volumes d'eau consommés proviennent de 300 captages de grande capacité. Ils nécessitent des processus de traitement complexes et coûteux : coagulation, floculation, décantation, filtration, affinage, désinfection, chloration. Selon l'Inspection générale de l'environnement, la mise en œuvre d'une filière de traitement des eaux dans 53 stations bretonnes contaminées par les pesticides a impliqué un investissement de 44,6 millions d'euros. Pour la période 1997-2002, l'agence Seine-Normandie, dont les bassins sont également très exposés aux pollutions agricoles diffuses, a financé 35 opérations pour un montant de 72,7 millions d'euros.

Vases communicants

Une facture d'eau comporte trois volets : la distribution, la collecte et le traitement et la lutte contre les pollutions. Les recettes imputées aux deux premiers chapitres sont réparties entre le distributeur et les communes. Celles du troisième chapitre constituent des redevances versées aux agences de l'eau. Selon le ministère de l'Écologie, elles représentent 15,4 % du montant global d'une facture. À titre d'exemple, l'agence de l'eau Loire-Bretagne a prélevé chaque année, depuis 1997, 158 millions d'euros auprès des ménages, 24 millions auprès des industriels et 3 millions auprès des agriculteurs. Or, dans le même temps, ces derniers ont reçu, au titre des aides annuelles distribuées par l'agence pour lutter contre les pollutions, 33 millions d'euros. Cette situation n'est pas spécifique à la Bretagne. En Artois-Picardie, la différence entre les redevances versées pour la lutte antipollution et les aides reçues est du même ordre : les agriculteurs ont contribué à hauteur de 6,7 millions d'euros, pour 37,1 millions d'aides reçues.

Constat d'échec

« En dépit de son apparente rigueur, le régime juridique des redevances d'eau potable et d'assainissement ne garantit pas le respect du principe pollueur-payeur. [...] En définitive, les redevances sur l'eau sont peu efficaces pour limiter les pollutions d'origine agricole. » **Conseil des impôts, fiscalité et environnement, 23ᵉ rapport au président de la République.**

L'art de la récup

Pour atteindre les objectifs de qualité fixés en 2015, La DCE* impose une analyse économique de l'eau et de la récupération des coûts. Cette analyse doit évaluer, en vertu du principe pollueur-payeur, les coûts liés à l'utilisation de l'eau pour toutes les activités qui sont à l'origine de pollutions diffuses. Ces coûts correspondent aux dépenses engagées pour prélever, stocker et traiter l'eau polluée. Les activités agricoles ou d'entretien des voies de circulation qui impliquent l'usage de pesticides sont particulièrement visées. En première analyse, il ressort que les dépenses des services de l'eau s'élèvent peu ou prou à 10 milliards d'euros par an, recouvrés à 98 % par la facturation aux usagers. À l'échelle nationale, il est prévu qu'une nouvelle tarification, dite tarification incitative, basée sur une redistribution des taxes et des redevances en vertu du principe pollueur-payeur, soit instaurée en 2010.

Pour atteindre en 2015 les objectifs de qualité, la directive cadre sur l'eau de l'Union européenne impose l'application du principe du pollueur-payeur. En France, les agriculteurs sont les premiers concernés.

Le bon air :
rapport qualité-prix

En 2005, la Commission des comptes
et de l'économie de l'environnement
a évalué à 2 milliards d'euros les dépenses
consacrées à la protection de l'air.

Achats plein pot

Depuis 1995, les sommes consacrées à la protection
de l'air augmentent chaque année de 5 %. Elles
recouvrent les dépenses engagées par les ménages
pour acquérir des véhicules « propres » et les entre-
tenir, les investissements effectués par les entreprises
pour réduire leurs émissions polluantes et les fonds
engagés par l'État pour la surveillance de l'air. Du
côté des ménages, les sommes investies de façon
directe ou indirecte représentent 23 % des dépenses
consacrées à la protection de l'air. Concernant les
entreprises, les investissements ont été évalués en
2003 à 1 milliard d'euros. Ils sont principalement
liés à l'achat d'équipements antipollution (filtres et
dépoussiéreurs). Globalement, les budgets des entreprises, des ménages et des administrations ont tous
été grevés par l'acquisition de carburants moins
polluants. En 2003, les achats de fioul lourd à basse
teneur en soufre ont augmenté de 12 %. Ils ont
représenté pour les entreprises un surcoût de
110 millions d'euros.

Prise de participation

La troisième catégorie de dépenses imputables à la
protection de l'air concerne la surveillance des para-
mètres de qualité. En 2003, ce budget alimenté par
l'État et les collectivités locales s'est élevé à 53 millions d'euros répartis entre les 40 associations qui
emploient quelque 370 personnes et gèrent plus
de 2 300 capteurs. À ce budget s'ajoutent les recettes

**Force
de persuasion**
Selon l'OCDE,
la taxe suédoise
sur le soufre mise
en œuvre en 1991
s'est traduite
par une baisse
de plus de moitié,
en deçà des normes
légales, de la
teneur en soufre
des combustibles
à base de pétrole.

toile de fond | l'air | les sols | l'eau

de la taxe générale sur les émissions polluantes (TGAP), instituée en 1999 et perçue par l'administration des douanes. Cette taxe, qui a remplacé la taxe sur les émissions de polluants dans l'atmosphère créée en 1985, est fondée sur le calcul des émissions de soufre, d'oxydes d'azote, d'acide chlorhydrique et de composés organiques volatils par les entreprises. Depuis 1999, les entreprises qui y sont assujetties – à savoir les exploitants des incinérateurs d'ordures ménagères, des installations de combustion de plus de 20 MW, des installations rejetant plus de 150 t par an de l'un des quatre polluants... – ont la possibilité de déduire de leurs contributions fiscales les sommes qu'elles versent directement à l'association de surveillance de la qualité de l'air dont relèvent leurs implantations (12,6 millions d'euros en 2003). L'Union des industries chimiques, EDF, Lafarge Ciment... sont membres de l'association en Midi-Pyrénées ; Sollac Méditerranée, Shell, Esso, Total... apportent ainsi leur contribution à la surveillance de la qualité de l'air en Rhône-Alpes.

Prix d'usine

En conclusion de son rapport adressé en 2005 au président de la République, le Conseil des impôts fait valoir que la baisse des émissions atmosphériques depuis 1970 résulte de l'évolution de la réglementation, de la mise en service des centrales nucléaires et de l'amélioration de l'efficacité énergétique, mais pas de la fiscalité. Bien que la TGAP soit solidement assise sur le principe pollueur-payeur, elle souffre d'une assiette fiscale trop réduite, sans effet dissuasif. En effet, une étude commanditée par la Commission européenne montre qu'en 2000 le coût des dommages engendrés par l'émission d'une tonne de dioxyde de soufre (SO_2) et ses composés s'élevait à 7 300 euros, contre 38,11 euros perçus au titre de la TGAP. En 2004, cette taxe a généré en France une recette de 58 millions d'euros.

Les dépenses engagées pour la protection de l'air tant par les particuliers et les industriels que par l'État augmentent d'année en année. La fiscalité à l'égard des industriels pollueurs n'incite pas à la prévention.

Déchets éternels : ultimes demeures

Les centres de stockage des déchets dangereux ont une capacité annuelle de 100 000 m³ et une durée de vie de vingt-huit ans. En Île-de-France, 58 % des déchets proviennent de la dépollution.

Import-export

En 1998, l'Aquitaine a importé 3 901 t d'amiante et de solvants d'Italie, de Belgique et d'Espagne. Elle a exporté 3 036 t de terres polluées, de mâchefer et de filtres à huile aux Pays-Bas et en Espagne.

Élimination suivie

La plupart des déchets produits par les entreprises sont classés « déchets industriels banals » (DIB) et assimilés aux déchets ménagers, à l'exception des déchets explosifs, comburants, toxiques, cancérogènes, mutagènes... La liste précise de ces déchets, dits déchets industriels dangereux ou « spéciaux », figure en annexe du décret n° 2002-540 du 18 avril 2002. Boues, solvants, eaux, encres, cendres... : elle recense toutes les matières liquides ou solides, minérales, organiques ou végétales qui contiennent des polluants. En 2002, ces déchets ont représenté un volume de 11 millions de tonnes. D'un bout à l'autre de la filière d'élimination, ils sont identifiés et suivis par un bordereau officiel validé à chaque étape. En fonction de leurs propriétés chimiques ou physiques, ils sont dirigés soit vers un incinérateur, soit vers un centre de stockage de classe 1*. Ces deux types d'installations relèvent de la nomenclature des installations classées* soumises à autorisation.

Déchets au four

Tous les déchets dangereux susceptibles d'être brûlés sont admis dans l'une des 54 unités d'incinération des déchets dangereux (UIDD), à condition qu'ils ne contiennent pas plus de 50 ppm de PCB-PCT*, ni d'éléments radioactifs. La vérification de leur composition est effectuée par un prélèvement d'échantillons qui permet également de mesurer leur teneur en chlore, fluor, mercure, arsenic... L'incinération est réalisée dans des unités à très haute température, comme des fours de cimenterie, qui utilisent la co-incinération – les déchets

Valorisation minoritaire

En Alsace, l'élimination des déchets dangereux se répartit entre valorisation (30 %), traitement physico-chimique (12 %), enfouissement (26 %) et incinération (32 %).

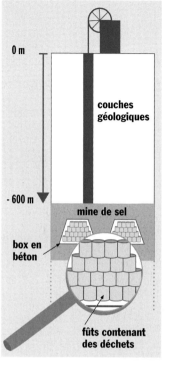

0 m

couches géologiques

- 600 m

mine de sel

box en béton

fûts contenant des déchets

servant de combustible pour produire du ciment ou de la chaux : 40 % des déchets dangereux sont éliminés par ce procédé. Déchets ultimes, les cendres sont acheminées vers les centres de stockage de classe 1.

Sous la cendre, le feu couve

En 2001, 900 000 t de déchets industriels dangereux ont été dirigés vers l'une ou l'autre parmi la dizaine de communes où sont implantés les centres de stockage de classe 1. Réservé aux résidus de l'incinération, de la métallurgie, des forages, des sols pollués, des peintures..., ce mode de confinement exclut tous les déchets qui ne peuvent être stabilisés parce qu'ils sont radioactifs, liquides, fermentescibles, explosifs... Pour autant, des accidents surviennent. En avril 2004, un feu se déclare dans l'alvéole de stockage d'un centre situé à Saint-Marcel (Eure) à la suite d'une réaction d'oxydation qui a provoqué l'inflammation de 9 000 kg de copeaux de magnésium. Quant au centre d'enfouissement souterrain de Wittelsheim (Haut-Rhin), l'incendie survenu en 2002 a entraîné sa fermeture définitive. Installation récente et unique en France, elle consistait en un réseau de galeries et alvéoles creusées à 600 m de profondeur. Déclaré le 10 septembre, le sinistre fut considéré comme résorbé trois mois plus tard. Des déchets amiantés provenant d'un incendie en seraient à l'origine. La température à l'intérieur des sacs de stockage n'avait pas été vérifiée en raison de la présence d'amiante. Depuis, ce type de déchets est dirigé vers les mines de sel allemandes. Lorsqu'un centre a atteint ses capacités, il est isolé du ruissellement de la pluie, recouvert de terre et planté de végétaux.

Les déchets industriels dangereux sont brûlés ou stockés. Dans le premier cas, ils servent de combustibles dans les fours à très haute température. Dans le second cas, ils sont enfouis *ad vitam aeternam*.

Air : pics sous contrôle

La région Provence-Alpes-Côte d'Azur est en tête des régions françaises touchées par la pollution à l'ozone. En 2005, elle a privilégié la prévision pour mieux servir la prévention. Une démarche qui se généralise.

Capteurs
de surveillance
de la qualité de l'air.

Pics sous-estimés

Mis en œuvre au printemps 2003, le système Prev'Air permet de prévoir les phénomènes de pollution. À peine opérationnel, son efficacité a rapidement été éprouvée par les pics d'ozone* associés à la canicule estivale. A posteriori, la confrontation des prévisions avec les données réelles a permis de mettre en évidence une tendance à la sous-estimation des concentrations en ozone. Elle a été corrigée depuis. Indépendamment des prévisions, Prev'Air élabore, à partir des capteurs gérés par les associations de surveillance, une carte quotidienne de la qualité de l'air en France. Remise à jour toutes les heures, elle rend compte des niveaux de pollution générés, le cas échéant, par l'ozone, les oxydes d'azote et les particules. Quant aux cartes d'ozone en Europe et en France, elles sont réalisées à partir de simulations, corrigées deux fois par jour par les données réelles.

Service de surveillance

Créées dans les années 1970, les associations agréées pour la surveillance de la qualité de l'air (AASQA) ont pour mission de surveiller, d'alerter et d'établir des diagnostics. Conformément à la loi de 1996 sur l'air et l'utilisation rationnelle de l'énergie, leur bureau est composé de représentants de l'État, de collectivités, d'industriels et d'associations de protection de l'environnement. Chaque jour, elles publient un indice de qualité de l'air calculé à partir des concentrations de particules fines, de dioxyde de soufre, de dioxyde d'azote et d'ozone, mesurées en zones urbaines et péri-urbaines.

Alerte aérienne

Le dépassement des seuils réglementaires provoque le déclenchement de procédures d'information et d'alerte. La procédure d'information consiste en messages de recommandations sanitaires et de limitation de la vitesse automobile. Au niveau supérieur, l'alerte implique des mesures de restriction, voire de suspension des activités polluantes. Mercredi 14 décembre 2005, à Feyzin (Rhône), le seuil d'alerte en dioxyde de soufre a été dépassé pendant quatre heures consécutives. Les teneurs enregistrées ont été parmi les plus élevées de ces dix dernières années. Dans l'agglomération de Grenoble, la prévention des pics de SO_2 s'est traduite par l'interdiction d'utilisation du fuel le plus soufré de novembre à février, période la plus favorable à l'accumulation du polluant.

Bilan avant incinérateur

Outre la surveillance et l'alerte, les AASQA sont de plus en plus sollicitées pour des diagnostics divers. En réponse à une demande du maire d'Hendaye, l'Association de surveillance de l'air en Aquitaine (AIRAQ) a effectué un bilan de qualité de l'air dans le périmètre de construction d'un futur incinérateur. Réalisées entre mars et mai 2005, les mesures ont mis en évidence un pic journalier de dioxyde d'azote lié au trafic automobile et des concentrations faibles à modérées de plomb et de nickel. Une étude similaire sera conduite à l'issue de la mise en service de l'incinérateur. En Loire-Atlantique, le diagnostic réalisé en 2004 au sujet des concentrations de pesticides dans la zone viticole du muscadet a révélé la présence majoritaire dans l'atmosphère d'un fongicide contre le mildiou (maladie de la vigne) décelable jusque dans l'agglomération nantaise, pourtant située à 30 km de la zone émettrice.

Hygiène francilienne

Le Laboratoire d'hygiène de la ville de Paris est chargé des expertises liées à la pollution. En 2000, il a évalué à 50 heures réparties sur 7 jours l'exposition des Franciliens à des niveaux élevés de pollution.

20 000 fax

Le serveur régional d'Airmaraix (est des Bouches-du-Rhône, Var, Vaucluse) a délivré, en 2004, 20 000 fax pour informer les autorités de dépassements des seuils d'ozone.

Les associations chargées de la qualité de l'air ont une mission de surveillance, d'alerte et de diagnostic. Outre les mesures des polluants, elles disposent depuis 2003 d'un outil de prévision.

Grands principes dans le texte

La lutte contre les pollutions est au centre de textes fondamentaux, porteurs de grands principes. Ils appellent à penser globalement, à agir localement.

Par-delà les frontières

La Convention sur la pollution atmosphérique transfrontière à longue distance a été signée en 1979. Elle est entrée en vigueur en 1983. Huit protocoles en traduisent les principes en actions.

« *Article 2 - Les parties contractantes, tenant dûment compte des faits et des problèmes en cause, sont déterminées à protéger l'homme et son environnement contre la pollution atmosphérique et s'efforceront de limiter et, autant que possible, de réduire graduellement et de prévenir la pollution atmosphérique, y compris la pollution atmosphérique transfrontière à longue distance.*

Article 3 - Dans le cadre de la présente Convention, les parties contractantes élaboreront sans trop tarder, au moyen d'échanges d'informations, de consultations et d'activités de recherche et de surveillance, des politiques et stratégies qui leur serviront à combattre les rejets de polluants atmosphériques, compte tenu des efforts déjà entrepris aux niveaux national et international.

Article 4 - Les parties contractantes échangeront des informations et procéderont à des tours d'horizon sur leurs politiques, leurs activités scientifiques et les mesures techniques ayant pour objet de combattre dans toute la mesure du possible les rejets de polluants atmosphériques qui peuvent avoir des effets dommageables, et ainsi de réduire la pollution atmosphérique, y compris la pollution atmosphérique transfrontière à longue distance. »

L'eau, ça coule de source

La directive 2000/60/CE du Parlement européen et du Conseil du 23 octobre 2000 a pour objectif « *d'établir un cadre communautaire pour la protection des eaux intérieures de surface, de transition, côtières et souterraines, en vue de prévenir et de réduire leur pollution, promouvoir leur utilisation durable, protéger leur environnement, améliorer l'état des écosystèmes aquatiques et atténuer les effets des inondations et des sécheresses* », considérant que « *l'eau n'est pas un bien marchand comme les autres mais un patrimoine qu'il faut protéger, défendre et traiter comme tel...* ».

toile de fond | l'air | les sols | l'eau

Les sept livres du code

Le code de l'environnement rassemble près de 1 150 articles. Ils reprennent les dispositions de 39 lois diverses – y compris la loi n° 96-1236 du 30 décembre 1996 sur l'air et l'utilisation rationnelle de l'énergie qui reconnaît à chacun le droit de respirer un air qui ne nuise pas à sa santé – ainsi que tous les textes votés depuis l'an 2000 relativement à ce thème. Il est composé de sept livres consacrés aux dispositions communes, aux espaces naturels, à la protection de l'environnement en Antarctique... Le titre II du livre II intitulé « Milieux physiques » concerne l'air et l'atmosphère. Le livre V est consacré à la prévention des pollutions, des risques et des nuisances.

Titre Ier : Principes généraux, article L110-1 (loi n° 2002-276 du 27 février 2002)

« I. Les espaces, ressources et milieux naturels, les sites et paysages, la qualité de l'air, les espèces animales et végétales, la diversité et les équilibres biologiques auxquels ils participent font partie du patrimoine commun de la nation.

II. Leur protection, leur mise en valeur, leur restauration, leur remise en état et leur gestion sont d'intérêt général et concourent à l'objectif de développement durable* qui vise à satisfaire les besoins de développement et la santé des générations présentes sans compromettre la capacité des générations futures à répondre aux leurs. Elles s'inspirent, dans le cadre des lois qui en définissent la portée, des principes suivants :

1. Le principe de précaution, selon lequel l'absence de certitudes, compte tenu des connaissances scientifiques et techniques du moment, ne doit pas retarder l'adoption de mesures effectives et proportionnées visant à prévenir un risque de dommages graves et irréversibles à l'environnement à un coût économiquement acceptable.

2. Le principe d'action préventive et de correction, par priorité à la source, des atteintes à l'environnement, en utilisant les meilleures techniques disponibles à un coût économiquement acceptable.

3. Le principe pollueur-payeur, selon lequel les frais résultant des mesures de prévention, de réduction de la pollution et de lutte contre celle-ci doivent être supportés par le pollueur.

4. Le principe de participation, selon lequel chacun a accès aux informations relatives à l'environnement, y compris celles relatives aux substances et activités dangereuses, et le public est associé au processus d'élaboration des projets ayant une incidence importante sur l'environnement ou l'aménagement du territoire. »

Glossaire

Acidification : ce phénomène résulte de la transformation de polluants (soufre, oxydes d'azote) en acides au contact de la vapeur d'eau. Il provoque des pluies acides.

ADEME : Agence de l'environnement et de la maitrise de l'énergie.

Agenda 21 : programme d'actions destinées à traduire les principes de développement durable* énoncés lors du sommet de la Terre* : « *Satisfaire les besoins des générations actuelles sans hypothéquer la capacité des générations futures à satisfaire les leurs.* »

Centres de stockage de classe 1 : autrefois appelés centres d'enfouissement technique, répondant aussi à la dénomination technique de centres de stockage de déchets industriels spéciaux ultimes et stabilisés (CSDUS).

COV : les composés organiques volatils proviennent de l'industrie, du transport et de l'agriculture, sous forme de solvants, d'acétone, de butane, de propane...

DCE : directive cadre sur l'eau (2000/60/ DCE) du Parlement et du Conseil établissant un cadre pour une politique communautaire dans le domaine de l'eau.

Décès anticipé : décès qui n'aurait pas eu lieu à la date fatidique si le niveau de pollution avait été inférieur à celui mesuré.

Développement durable : c'est « *un développement qui répond aux besoins du présent sans compromettre la capacité des générations futures à répondre aux leurs* » (Commission mondiale sur l'environnement et le développement, *Notre avenir à tous,* 1988).

Directive IPPC (Integrated Pollution Prevention and Control) : ce texte impose aux États membres de l'Union européenne qu'à la fin 2007 toutes les installations aient reçu des autorisations d'exploiter fondées sur les performances des meilleures techniques disponibles.

DIREN : Direction régionale de l'environnement.

DRASS : Direction régionale des affaires sanitaires et sociales.

DRIRE : Direction régionale de l'industrie, de la recherche et de l'environnement.

Eutrophisation : l'eutrophisation des rivières, des lacs et des littoraux correspond à un surplus d'azote et de phosphates à l'origine d'une prolifération d'algues qui asphyxient

toile de fond | l'air | les sols | l'eau

les cours d'eau. Privées d'oxygène, la faune et la flore locales disparaissent.

HAP : les hydrocarbures aromatiques polycycliques sont des polluants chimiques qui résultent de la combustion dans les moteurs, les chaudières, etc.

Ifremer : Institut français de recherche pour l'exploitation de la mer.

INERIS : Institut national de l'environnement industriel et des risques.

INSERM : Institut national de la santé et de la recherche médicale.

Installations classées : installations industrielles ou agricoles susceptibles de créer des risques ou de provoquer des pollutions. Elles sont au nombre de 510 000.

MDP : les mécanismes de développement propre incitent les industriels à investir dans des projets de développement durable* qui limitent les émissions dans les pays en développement. En échange, ils obtiennent un crédit d'émissions négociable sur le marché des quotas de CO_2.

Métaux : cette catégorie de matières regroupe l'aluminium, l'arsenic, le chrome, le cobalt, le cuivre, le manganèse, le molybdène, le nickel, le zinc, le cadmium et le plomb.

Les métaux ne sont pas biodégradables, sont insolubles dans l'eau et s'accumulent dans la chaîne alimentaire.

Méthémoglobinémie ou maladie bleue des nourrissons : l'absorption de nitrates provoque une réduction de la circulation de l'oxygène dans le sang. En Bretagne, de nombreux cas ont été détectés dans les années 1950. Ils ont été provoqués par la préparation de biberons avec une eau dont les teneurs en nitrates dépassaient 50 mg/l (seuil maximal déterminé par la directive européenne du 12 décembre 1991).

OMS : Organisation mondiale de la santé.

Ozone : le « mauvais ozone », ou ozone troposphérique, se nourrit du rayonnement solaire, des oxydes d'azote et des COV* pour accroître sa nocivité dans les basses couches de l'atmosphère. Il s'oppose à l'ozone stratosphérique, dit « bon ozone », qui protège du rayonnement solaire.

PCB-PCT : les polychlorobiphényles (PCB) et les polychlorotriphényles (PCT) se concentrent dans les tissus vivants. Par combustion, ils provoquent la formation de dioxines.

PFC : les perfluorocarbures sont des gaz à effet de serre qui absorbent le rayonnement infrarouge émis

Glossaire (suite)

par la Terre. Ils contribuent à maintenir la chaleur dans l'atmosphère terrestre.

Seveso : à la suite de la catastrophe industrielle survenue en 1976 dans la ville de Seveso (Italie), l'Union européenne a adopté en 1982 la directive dite « Seveso » de prévention des accidents majeurs.

Sommet de Johannesburg : tenue en septembre 2002, cette conférence internationale pour le développement durable* a adopté une déclaration et un plan de mise en œuvre de dispositions relatives au respect de l'environnement.

Sommet de la Terre : 2ᵉ conférence des Nations unies sur l'environnement et le développement. Cette conférence s'est tenue à Rio de Janeiro en juin 1992 et a rassemblé 172 gouvernements.

Ces derniers se sont engagés sur le thème du développement durable*.

ZES : les zones d'excédents structurels sont des zones géographiques où les teneurs en nitrates sont supérieures à 170 kg/ha.

ZV (zones vulnérables) : l'application de la directive européenne, dite directive nitrate du 12 décembre 1991 pour lutter contre les pollutions liées à l'azote provenant des sources agricoles, s'est traduite par la délimitation de zones vulnérables lorsque la teneur en nitrates de l'eau est supérieure à 50 mg/l ou lorsqu'il existe une tendance à l'eutrophisation* des rivières et des rivages. Un point zéro a été déterminé en 1993 pour procéder, dans chaque département, à une première délimitation des ZV.

Préfixes d'unités de mesure utilisés dans cet ouvrage

Multiples	Symboles	Valeurs
giga-	G	10^9 (milliard)
méga-	M	10^6 (million)
kilo-	k	10^3 (mille)
milli-	m	10^{-3} (millième)
micro-	μ	10^{-6} (millionième)
nano-	n	10^{-9} (milliardième)
pico-	p	10^{-12} (billionième)
femto-	f	10^{-15}

toile de fond   l'air   les sols   l'eau

Sites internet

Bases de données et inventaires

ADES : accès aux données
des eaux souterraines
http://www.ades.eaufrance.fr/

BARPI : inventaire des accidents
technologiques et industriels
http://aria.ecologie.gouv.fr/index2.html

BASIAS : inventaire d'anciens sites
industriels et activités de services
http://basias.brgm.fr/

BASOL : base de données sur les sites
et sols pollués ou potentiellement
pollués appelant à une action
des pouvoirs publics
http://basol.environnement.gouv.fr/

BDSP : banque de données
de santé publique
http://www.bdsp.tm.fr/Default.asp

EPER : Registre européen des émissions
polluantes
http://www.eper.cec.eu.int/

IREP : Registre français des émissions
polluantes
http://www.pollutionsindustrielles.ecol
ogie.gouv.fr/IREP/index.php

IRSN : inventaire national
des sites miniers d'uranium ;
mot clé : MIMAUSA (mémoire et
impact des mines d'uranium)
http://www.irsn.org/

Portails et sources d'information

ADEME : domaines d'intervention
(air, déchets, sites pollués...)
http://www.ademe.fr/newademe/

Agences de l'eau : portail d'accès aux
différentes agences de bassin nationales
http://www.lesagencesdeleau.fr/

BULd'air : bulletin quotidien
de la qualité de l'air
http://www.buldair.org/

DRIRE : Direction régionale
de l'industrie, de la recherche
et de l'environnement
http://www.drire.gouv.fr/

Fédération ATMO : portail d'accès
aux associations de surveillance
de la qualité de l'air
http://www.atmo-france.org/

INERIS : portail des substances
chimiques
http://chimie.ineris.fr/fr/index.php

MEDD : portail des sites et sols pollués
ou radio-contaminés
http://www.sites-
pollues.ecologie.gouv.fr/

PREV'AIR : prévisions et observations
de la qualité de l'air en France
et en Europe
http://www.prevair.org/fr/

Bibliographie

Principaux rapports consultés

AFSSE (AGENCE FRANÇAISE DE SÉCURITÉ
SANITAIRE ENVIRONNEMENTALE),
*Les Dioxines dans l'environnement
et la santé*, 2003.

CITEPA (CENTRE INTERPROFESSIONNEL
TECHNIQUE D'ÉTUDES DE LA POLLUTION
ATMOSPHÉRIQUE), *Inventaire
départementalisé des émissions
de polluants atmosphériques en France
en 2000*, mise à jour en février 2005.

CITEPA, *Inventaire des émissions de
polluants atmosphériques en France
– séries sectorielles et analyses étendues*,
février 2005.

CITEPA, *Inventaire des émissions
par les grandes installations de
combustion en France en application
des directives européennes 88/609/CEE
et 2001/80/CE*, 2004.

IGE (INSPECTION GÉNÉRALE DE
L'ENVIRONNEMENT), *Bilan des plans
d'actions régionaux de lutte contre les
pollutions de l'eau par les pesticides dans
le cadre du premier plan national*, 2005.

IGE, *Les Inégalités écologiques en milieu
urbain*, avril 2005.

IGE, *Rapport d'activité*, 2004.

MEDD (MINISTÈRE DE L'ÉCOLOGIE
ET DU DÉVELOPPEMENT DURABLE),
rapport à la Commission des comptes
et de l'économie de l'environnement :
L'Économie de l'environnement en 2003,
2005.

MEDD, *Retour d'expériences et éléments
de méthodes pour les Agendas 21*, 2004.

Sénat, commission des affaires
économiques et du plan sur le projet
de loi sur l'eau et les milieux
aquatiques, par B. SIDO, session
ordinaire de 2004-2005.

Sénat, mission commune d'information
sur le bilan et les conséquences de
la contamination par l'amiante, par
G. DÉRIOT, rapport d'information,
session ordinaire de 2005-2006.

Sénat, Office parlementaire
d'évaluation des choix scientifiques et
technologiques, rapport sur la qualité
de l'eau et l'assainissement en France,
par G. MIQUEL, 2003.

À consulter également : les plans
régionaux santé-environnement de
Rhône-Alpes, Auvergne, Île-de-France.

toile de fond   l'air   les sols   l'eau

Index

Le numéro de renvoi correspond à la double page.

Responsable éditorial
Bernard Garaude
Directeur de collection
Dominique Auzel
Suivi éditorial
Carine Panis
Correction-Révision
Élisée Georgev
Iconographie
Sandrine Battle
Anne-Sophie Hédan
Camille Chaussin
Maquette - infographie
Camille Baladi
Couverture
Bruno Douin
Fabrication
Isabelle Gaudon
Magali Martin

Crédits photos

p. 3 : © Olivier Coret/In visu/
Corbis - p. 9 : © W. Eugene
Smith/Magnum Photos - p. 15 :
© Yann Arthus Bertrand/Corbis
p. 23 : © Ziegler J-L & F/Bios
p. 26 : © Terres du Sud/Corbis
Sygma - p. 37 : © Bembaron
Jérémy/Corbis Sygma - p. 44 :
© Christian de Valence - p. 48 :
© Kent Knudson/Photolink -
p. 54 : © Gunther Michel/Bios.

© 2006 Éditions MILAN
300, rue Léon-Joulin,
31101 Toulouse Cedex 9 France

Droits de traduction et
de reproduction réservés pour
tous les pays. Toute reproduction,
même partielle, de cet ouvrage
est interdite.
Loi 49.956 du 16.07.1949

ISBN : 2-7459-2129-0
D. L. mai 2006
Aubin Imprimeur, 86240 Ligugé
Imprimé en France